论城市化

周干峙 著

中国建筑工业出版社

图书在版编目（CIP）数据

论城市化/周干峙著．—北京：中国建筑工业出版社，2011.6
ISBN 978-7-112-13327-7

Ⅰ.①论… Ⅱ.①周… Ⅲ.①城市化-中国-文集 Ⅳ.①F299.21-53

中国版本图书馆CIP数据核字(2011)第118259号

*　*　*

责任编辑：李春敏　杨　杰
责任设计：陈　旭
责任校对：刘　钰　赵　颖

论 城 市 化
周干峙　著

*

中国建筑工业出版社出版、发行（北京西郊百万庄）
各地新华书店、建筑书店经销
北京红光制版公司制版
北京云浩印刷有限责任公司印刷

*

开本：787×1092毫米　1/16　印张：7½　字数：140千字
2011年6月第一版　2012年3月第二次印刷
定价：**28.00**元
ISBN 978-7-112-13327-7
(20826)

版权所有　翻印必究
如有印装质量问题，可寄本社退换
（邮政编码100037）

前　言

"城市化"是上个世纪 70 年代末就传入中国的一个新概念。在 1980 年的一次城市规划学会的活动中，我国经济地理学者胡序威同志以及吴友仁、周一星同志就将欧洲学者的这一概念予以介绍。当时，正值改革开放之初，我国的城市政策还停留在控制城市发展以及限制大城市，侧重发展中小城市的方向。"城市化"的概念显然有助于城市工作的开展。因此，中国城市规划学会在会后就向上写了报告，但一直未见下文。直到 90 年代，才在当时国家计委的"红头文件"中见到"城市化"三个字。此后，"城市化"越来越受到重视，甚至成为政府工作的重要目标和主要的发展指标。

进入新世纪以来，"城市化"遇到一些新问题，受到广泛关注。它的目标究竟包括些什么？究竟应该怎么"化"法？也越来越有种种不同意见。我想这是城市工作深入发展的表现，是进一步发展的好事。媒体也关注到这一点，时有一些记者同志来采访我，究竟应该如何认识和搞好"城市化"这件事。

考虑到学术界已有不少论述，有不少问题，也并非都是新问题，主要是应该在总结历史经验的基础上，提高认识，推进工作。缘此，找出了几篇老文章，拿出来，可能有助于进一步研究参考。

经初步翻阅，一般论述"城市化"的文章就有七八篇，后进一步整理又发现联系相关问题的城市化研究文章还有十多篇，所以，才想到不妨以前者作为第一部分，后者作为第二部分；但再次翻阅，又发现实际上，无论时间先后，论城市化都避免不了相关的问题，要孤立地就城市化论城市化是不切合实际的。这样前后文看起来可能啰嗦一些，但也可供参考。

以上文章此次结集出版时，在文字上作了一些修订。

又：最新统计，截至 2009 年，全国城镇化水平为 46.6%，比上年提高 0.92 个百分点；城镇人口约 6.22 亿，比 2008 年增长 1500 万人；和多年来的预计相差甚微。

2011 年 4 月

目　　录

第一部分

城市化和可持续发展
　　——在建设部中国城市化和城市发展战略座谈会上的发言 …… (3)
有关城市化问题的若干思考
　　——适应新时代社会经济，扎扎实实提高城市化整体水平 …… (7)
城市化——20世纪的伟大工程 …… (17)
城市化和历史文化名城 …… (23)
要规划好农民的城市化 …… (31)
我国大都市地区的一些特点和任务
　　——做好规划　整合区域 …… (37)
城市化和房地产业 …… (48)
探索中国特色的城市化之路 …… (56)
"城市化"和"城市病"
　　——接受《21世纪经济报道》采访 …… (64)

第二部分

高密集连绵网络状大都市地区
　　——珠江三角洲地区城市化结构的新形态 …… (71)
在华东六省一市暨长三角城市建设论坛上的讲话 …… (76)
对于当前"城镇化"问题的几点认识和建议 …… (81)
在全国中小城市发展研讨会暨中国城科会（中）小城
　　市委员会第十四次年会上的讲话 …… (84)
中国的城市化和大都市地区的规划
　　——在香港理工大学主办"珠江三角洲发展论坛"上的演讲 …… (90)

促进城市化健康发展

——总结历史经验,科学对待城市赖以生存和发展的自然资源和环境,

妥善处理好它们的关系 ………………………………………… (93)

走具有自己特色的城市化道路

——在2006年"中国(福州)城市规划建设与发展国际论坛"

上的发言 ……………………………………………………… (97)

重提"百年大计"反对"大拆大建" …………………………………… (100)

附

城市化

——《中国大百科全书·建筑·园林·城市规划卷》词条释义 ………… (105)

新中国城市化与城市发展大事记 ……………………………………… (110)

第 一 部 分

城市化和可持续发展[*]

——在建设部中国城市化和城市发展战略座谈会上的发言

早在 70 年代末城市规划学会就在南京组织讨论我国的城市化问题。以后不断地研究探讨，取得了不少成果。而现今再谈这个问题，更具有其重要性和紧迫性。并且有一点新的认识，就是城市化和社会经济的可持续发展是联系在一起的。可持续发展是 70 年人类认识世界的一大飞跃，这一认识将渗透到人类活动的各个方面。城市化和可持续发展是密切相关的重大战略决策问题。在社会经济和科学技术发展变化极其迅速的今天，我们不能"安坐待变"，而必须"未雨绸缪"，及时对策。

据最近统计，1997 年底全国总人口已达 12.34 亿人，城市化比重当在 30% 左右，即城市人口总计约 3.5 亿人左右。社科院人口所所长田雪原在《人口问题》中预测：我国总人口到本世纪末将达 13 亿，至 2010 年将突破 14 亿，至 2050 年将达 16 亿左右，此后才能实现零增长。在这一发展过程中，城市化比重将同时逐步提高，由 30% 到 40% 再到 60% 左右。所以，50 年后城市人口少则 6 亿多，多则 9 亿多，较现在要增 1~2 倍，即使是采取措施，实行"低水平"城市化，城市人口在下一轮规划时（二、三十年间），只要不发生大战，经济继续有所增长，也仍然将成倍地增长。

还有一个重要因素是人口老龄化也在同时发展。这一人口结构的变化，从相反方面加剧了城市化的矛盾。目前我国 60 岁以上的老龄人口已占 9.5%，平均寿命 70 多岁。而一些发达国家老龄化已高达 25%，预期可能更高。"四人行必有一老"或"三人行必有一老"。在我国经济尚不发达，但医学科学、保健水平和平均寿命（城市平均寿命又高于农村）又相对较高，如平均寿命再提高 20 岁（已有医学专家预计在 2010 年前后可能实现），"长命百岁"将步入寻常百姓家，这既是社会一大进步，也势必是一个压力很大的社会问题。

未来 6 亿以上的城市人口，其中 2% 左右的老龄人口，要有多少准备工作（住

---

[*] 本文原载《城市规划》，1998 年第 3 期。

房、基础设施……）才能适应这一情况，恐怕怎么估计也不会过分。

我国城市化发展本来滞后，现今又将迅猛地加速发展，矛盾问题很多。城市和社会经济这一本来相辅相成的孪生体，如果不能持续地健康地同步发展，就只有互相牵扯，贻误大业。新中国建立以来已有这方面的经验教训，长期忽视城市的作用，影响了经济发展；改革开放以后，也有成功经验，推进了近10年的改革开放；同时又有一些新的影响可持续发展的因素出现（如农业、环境、土地、水资源、基础设施的制约等等）。但历史的经验都说明，城市化是工业化的必然结果，城市发展和经济发展是相辅相成的。城市化和现代化也是互为因果的，现代城市是现代经济可持续发展的重要目标和基础。

为适应城市的可持续发展，我认为，当前以下几条政策措施看来是必要和可行的。

1. 适度超前地建设城市。主要是基础设施、环保、能源、交通通信方面的建设，至少要保持近10年的势头，继续在资金、税收方面优先支持。同时也必须制止那些过高标准、超乎实际需要的楼堂馆所和商贸设施的重复建设，以避免浪费。

2. 控制占用耕地，留下必要余地。土地要节约，城市也要发展。城市化发展总体上是节约了用地（人均居住用地城市与农村30多平方米与120多平方米之比），城市用地标准不能和资源丰富的发达国家相比，但也必须以保持生态、提高城市生活质量为前提。应按照城市所在地区资源情况，区别基本生活用地和各类专用地，制定控制指标。除少数高密集、已开发、无潜力的城市地区外，城市人均总用地应保持在70平方米至100平方米之间，城市不能搞得透不过气来，老人孩子无处去。

3. 坚持控制大城市，积极发展中小城市的方针，大、中、小城市均衡发展。发达地区大城市、特大城市非控制不行，但落后地区，大城市必然首先要发展，形成"极核"，然后带动中小城市发展。总体上应保持已经出现的大、中、小城市均有发展，中小城市的增长速度（人口比重及产值）又略高于大城市的势头。目前我国城市化比重总体上低于发达国家，今后经济进一步发展，也仍然要低一些，这可能是符合我国国情的（一些发达国家稳定在80％左右，我国可低一些，如稳定在60％左右）。

4. 大力搞好小城镇建设，提高小城镇的总体水平，将部分工业生产力和人口截流在乡镇。继续保持一定的城乡二元体制恐怕是必要的，因而对小城镇在税收、资金等方面继续实行优惠政策，看来也是必要的。苏南地区有成功经验，如昆山市的城镇结构比较合理。

5. 切实做好区域规划，发挥宏观调控作用，形成合理的城镇体系。城镇间要分工协作，减少重复浪费。特别是沿海几个高城市化、城镇高密集地区，以及中部、西部一些大城市周围的城镇密集地区。

6. 坚持"百年大计，质量第一"。对城建项目要求优质耐用。凡质量低下，建了不适用，看着老别扭，不到自然寿命就拆除都是很大的浪费。

7. 保持和发扬城市的文化特色，也是可持续发展的重要组成部分。必须保留一批历史遗物和遗迹，丰富城市文化内涵和提高城市精神文明。旧城大拆大建的办法是不可取的。

城市化水平包括人口比重和城市的品质因素两个方面。我想还有其他一些方面的对策，应形成一系列的对策，才能有效地引导发展。

城乡建设和城市化发展是一个开放的十分复杂的系统，必须充分认识它的系统性和复杂性，才能正确认识其规律和采取妥善的对策。这里有三个基本观念我认为是十分重要的：

一是全局的、系统的观念。城市作为系统和社会、经济等各方面的系统是交织共生的。不能孤立地、静止地、片面地各自发展，必须统筹全局，兼顾各方，处理好本系统和旁系统以及上下层系统的关系，按照系统工程学的规律，实行良好的系统组合，才能产生新的、更大的系统功能。现在我们处理复杂系统问题，往往夸大系统中某一方面的重要性，因而顾此失彼，前后失调。如，有许多重大问题国家应重点扶持或重点控制，提到国策的高度。人口环保是国策，节约用地是国策，资源综合利用也是国策……任何一方面的决策，都应考虑到系统的复杂性，避免国策与国策互相打架。

二是综合集成，协同共济的观念。各系统为解决各自的问题，谋求各自的发展，必然会发生冲突。要摒弃只顾自己，不顾别人，孤军直入的办法。作为系统的一个方面，不顾其他，单方面是上不去的，车与路的关系就很明显。要综合研究，综合规划，形成配套措施，配合行动，互相补充才能奏效。须知在系统中，总体大于各局部之和，系统理顺了1+1就可能大于2；反之，1+1就会小于2。现在机构体制改革很重要，但思想上的这八个字还是很重要，否则并到一起，还要扯皮打架。

三是科学决策，谨慎起步的观念。客观世界本来是复杂的互相联系的；文明高度发展的世界具有更为普遍的复杂性（美国已有专门研究复杂性的系统工程学学科）。基于这一客观现实，必须讲究科学决策，简单化地下决心拍板定案往往是决策错误的根源（城市中重大的规划设计项目，如市区发展方向、重要枢纽的布局以至于市政府、金融街的布置等等都很复杂,决策错了,影响深远,难以纠正)。一个系统的建立与发展,涉及的方面是很多的,开始的决策往往有影响深远难以纠正的特点,必须慎之又慎。这方面的经验教训不少,多一点"慎始"的观念是有好处的。

总之,我认为城市化是社会进步的结果,当前我国正面临城市化发展的良好机遇,前10年已有不少成功经验,形成了空前强大的建设能力,后一个10年,以至20年,城市化还将进一步发展,处理得当,无疑将为社会经济发展作出巨大贡献。

有关城市化问题的若干思考*

——适应新时代社会经济，扎扎实实提高城市化整体水平

浙江省领导高度重视城市化问题，深刻地看到城市化对近期和长远的社会经济发展具有重要的现实意义和历史意义。长期以来，由于简单地采取限制城市人口增长等办法，占总人口70％以上的农民已经和消费市场、科技创新、环境资源和经济增长越来越不相称了。因而，不失时机地提出了促进城市化发展的战略指导思想，并结合省情，编制了全省城市化发展纲要和省域城镇体系规划（已经国务院批准），为下一步经济和城市相辅相成地发展，保持社会经济较快地、持续地增长，做了重要的基础工作。我愿借此机会谈一些观点，供讨论参考。

在改革开放前，城市化不作为发展方向，长期以来采取了抑制政策，有学者概括为"走非城市化的工业化道路"，以后才认识到此路不通，城市化是必然趋势和进步现象。改革开放后，学术界很快就开始讨论研究城市化问题，涉及城市化研究的学会很多，国家一级学会中至少有城市科学研究会、城市规划学会、城市经济学会等若干个学会。显然这一课题覆盖面宽广，是一个高度综合性、复杂性、地区性和长期性的问题。我想分别从有关城市化、城市经济、城市文化、城市规划和杭州规划五个层面，谈点看法。

一、关于城市化的含义

学术界的观点大体相同，而略有不同。所谓城市化主要是指农业人口向非农业人口转移和生产、生活方式集约程度的提高（包括了乡村向城市方向提高和城市自身品质的提高）。我认为，为表述清楚，要区分城市化和城市化水平两个概念。前者是一般的抽象概念，后者是指具体的状况。城市化水平包括：城市人口占总人口的比重，城市设施水平和村镇设施的水平，以及城市布局结构的合理程度等等。城市化是工业化的结果，严格讲，很难讲怎么推动；而城市化水平是可

---

* 本文为在浙江省城市化会议上的报告，1999年。

以由人去推动促进的。西方地理学者把城市化水平（人口比重）按工业化前、工业化时和后工业化三大历史阶段进行分析，发现呈"S"形曲线，说明工业化前、后二段没有城市化问题，甚至到后工业化时期有"逆城市化"现象。我曾经把城市经济在总经济中的比重同按三阶段分析，大体上呈同构现象，小城镇经济在城市经济中所占比重呈"V"形曲线，这三条曲线似应是大体对应的，怎样协调得最好，值得研究（图1）。

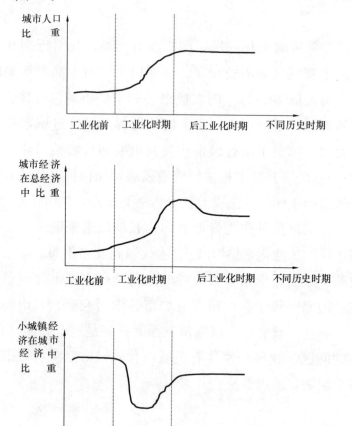

图1 三条曲线三个阶段的对比分析

从世界实际情况看，各国城市化趋势大体相同，而又不尽相同，特别是城市化水平各不相同。一些欠发达国家城市人口比重并不低，大城市人口在人口中所占比重往往相当大，如墨西哥；北美城市，超级大城市多，布局结构比较集中在某几个地区；欧洲由于历史原因，小城镇发达；荷兰人口密度大于日本、中国，但布局均匀，并无百万人口以上特大城市；智利、巴西等则集中于半壁江山，特别集中在沿海有利地区。我国人口密度高，一度人为压低了城市化水平的指标，发展很不平衡（东、中、西部差别大，地区差别也大），有三个高密集、高城市化地区（有人研究，全世界共七个），此类地区有其鲜明特点，如经济落后，但发展迅速，开放程度较高等，在有些地区还有"隐性城市化"问题，单纯的百分比还不能完全说明问题，现在至少8000万打工者是"两栖"人口，城市化实际水平可能要高于统计数，对此如何认识、如何对待，也有待进一步研究。

城市化虽然由于多种因素，各国各地不同，但都是可以预测的。90年代初，我国不少学者在当时城市化水平为20%时，预测到90年代末将达30%，大城市由二十几个将增至三十多个，现在看来相差不远。这次，看到浙江省预测全省的城市化水平近期达50%，我认为是完全必要和可能的，是符合发展规律的。

二、关于城市经济

大家一致认为城市经济发展是城市化的基础。这是毫无疑问的。首先，必须推进经济发展，才能推动城市发展。研究城市化必须研究经济发展。特别在当前，我国正面临经济的结构性大调整，必须按照国家统一部署，根据国企改革会议和创新会议的精神调整已过时的经济结构，这里大中小城市往往各有不同，要找出合适的经济发展战略、对路的产品结构，形成有自己特色的合理的一、二、三产业结构体系。从市县实际情况看，凡是这几个方面问题解决得好的城市就能稳定发展，城市化水平就会真正提高。苏、浙城镇发育早，有许多成熟经验，苏南以昆山为代表的经济结构是健康的，湖州地区也有类似经验。

城市经济问题除社会经济发展问题外，还有城市建设的经济性问题。后者在大规模建设时很重要，它对经济发展的作用不可低估。近几年来我国基本建设规模巨大，城建投入资金几乎直线上升，估计，每年已超过2万亿元（或更多）。每个城市每年为住宅、市政工程、公用事业等投入资金数额巨大，大大改变了城市面貌，干了许多好事。回想"一五"计划初期经济困难，每年全国城建总投资仅3～4亿，后来达几十亿，70年代以来多年停留在一百多亿，现在一个大城市就有一百多亿，今年北京达1100亿，苏州已近百亿，石家庄也超过20亿。总的形势很好，但也应看到钱多了，花得并不完全恰当，有的还有很大浪费。以前讲要把一个钱掰成两半来花，现在这种精神差了。从全国看，如果从立项、选址、规划、设计、工程质量、使用年限等方面剖析，建设性浪费是十分惊人的。如：近些年注重了城市设计是好事，也有必要；但大搞"包装"式的城市形象设计，还有什么"亮丽工程"，动辄花几千万元，实无必要。城市里晚上一片漆黑不好，有些地方如商业繁华地区要亮一些，但大部分地方要安静，要暗一些。瑞士的旅游城市、美国的高科技地区都有立法规定保持一定地区的宁静。我认为注意把握好城市建设的经济性事关重大。新中国建国初期我们用较少的钱,打下了工业化的基础(当然有注意人民生活不够的问题),历史功绩巨大。今天实际上还不很富裕,无论城市基础设施和生活设施还存在缺口,还应讲勤俭建设,倡导用有限资金办更多更重要的事。基础设施也有重复建设的问题,最近了解,苏南地区供水能力大大超过当前需求,无论什么原因,应积极搞好协调。此外,对旧城的改造方式也要反复推敲,对新项目大公建越来越多的现象也应予以关注。

三、关于城市文化的问题

近几年,城市文化建设得到了各级领导的重视,城市里建了许多过去没有的文化设施,满足了群众迫切需要,这方面的成绩很大。城市的历史文化,包括文物、古建筑等也得到了重视和保护,但有些方面还做得不够,认识上还存在问题,值得探讨。在加速城市建设,特别是旧城改造过程中,保护城市文化的矛盾非常突出,总的问题是不适当的拆除太多,应保留和可保留的东西未能很好保留下来。城市的历史文化是城市特色中最精华的部分,没有过时不过时的问题。我们有时注意了城市形象,但忽视了一个问题,即城市形象要有自己的特色,要有自己的东西,不能只是模仿和照搬照抄。刚才说的形象工程和亮丽工程中,有许多城市学上海,大理、西宁、石家庄都有像淮海路一样的商业街,这就使人感到千城一面。城市面貌、城市建筑艺术是城市文化的重要组成部分,特别是现代化城市,越是具有较高的素质的城市才越能体现现代化,中国的城市必须有中国的特色。不同地方的城市应有不同的地方特色。不久前,在北京召开了世界建筑师大会,云集了各国规划、建筑大师,对北京的城市建设大家普遍感到不满意,都感到现在很多城市建设雷同,没有特点。听说有的建筑师去了苏州,说了一句话:"我总算看见了中国城市。"这个问题很值得我们探讨。目前我国建筑设计水平正在不断提高,而且建筑思想也很活跃,我认为一方面是很活跃,同时也很混乱。过去设计讲经济不讲美观,现在反过来讲美观不讲经济,而且美观得没有道理,片面追求新奇,脱离经济的要求搞所谓的前卫设计,搞"创新"。我们建的是为人使用的房子,大部分都应该有实在的功能。我认为,追求时尚的建筑是短命的。城市中除少数纪念性建筑、公共建筑以外,大部分建筑应以实用为主,不能片面追求形式。现在为了追求新奇,往往认为我们的设计保守,都喜欢请外国人来搞,动不动搞国际竞赛。当然,吸取外来东西提高设计水平是必要的,进行文化交流也是必不可少的，但不能认为我们现在的建筑设计什么都不行。大概世界上没有一个国家像我们这样开放建筑设计市场的。现代城市再现代也不是处处千奇百怪的，也不可能将我们的城市搞得与国外一样。上海像纽约、杭州像香港也就没有意思了。应当把建筑设计提高到城市文化的高度来认识。建筑是石头的史诗，是每个国家的史诗。城市建筑文化对影响和教育下一代非常重要。我中学时来杭州，深深感觉到伟大、壮丽。爱国、爱家乡不是抽象的，它是有基础的。这里涉及深层次的文化战线上如何增强民族自信心的问题。前几年出了本《河殇》，把中国的落后描述得淋漓尽致，一无是处，我个人认为是不对的。世界上的有识之士认为，我们代表东方文化，有着越来越重要的价值。文化是一切科学、社会、经济发展的总成，如果在文化上没有自信心问题就大了，必然会造成人才的外流。对自己国家的文化有信心，根在国内，就会回来，如果认为祖国这也不行，那也不行，根本不会回来。一个国家一个民族经济会时起时落，但文化断了就很难恢复。一些西方学者经过长期研究，认为在世界几大文化主流中，埃及的文化、印度的文化中间都曾间断，唯独中国的文化未断，说明中国文化有很强的生命力，不是什么都不行。英国大文豪萧伯纳1933年在抗日战争前夕、中国局势非常紧张的时候，在香港接受时事周报的记者采访时就讲到中国文化很重要很有前途这个问题，他说你们有五千年的文化，你们现在好像觉得西方什么都好，但我认为西方现在处在走投无路的情况下，而你们有很好的经验。总有一天，你们会把西方的东西像破鞋一样扔掉。66年过去了，现在我想我们应该很好地认识自己，不能自暴自弃，一定要树立我们自己的民族自信心，包括在建筑思想、文艺思想领域。

四、关于城市规划问题

城市规划是对城市发展的一种预测和控制。特别是新中国建立以来，我们在城市规划建设上有很大成绩，有不少好的经验。现在城市规划越来越受到各级领导和各个方面的重视。前几天，建设部还召开了顾问会议和各学会会议，讨论在北京召开全国城市规划工作会议。这对我们专业震动很大。温家宝副总理认为这个会议非常重要，将亲临讲话。我们这次来的好几位同志都参加了这项工作，大家也对此寄予很高希望。希望这次会议要么不开，要开就要解决一些重大问题。我们要走向21世纪，要迎接城市发展的新时代。但究竟怎么做，有许多问题要研究。这里我想讲10个问题。

1. 如何加强领导

很早李瑞环同志在天津召开的全国城市科学研究会上指出:"没有领导的规划是瞎规划,没有规划的领导是瞎领导。"从那时起,经万里同志推荐,他开始担任城科会名誉会长。现在各级领导都非常重视城市规划。但是,究竟如何领导、如何重视还有一个正确认识和把握的问题。从目前情况来看,我认为要做到重视而不过多干预,干预而不横加干预。目前的主要倾向还是行政干预过多。不少城市领导重视了,所有建设项目都必须由市长签字,有的城市施工图都必须由分管市长签字,才能开工。这就可能适得其反,产生一些失误。深圳的实践经验很值得借鉴。深圳是我国发展很快,规划建设质量很高的例子。最近在北京召开的世界建筑师大会上,深圳是唯一得到国际建筑师协会颁发的城市规划国际建协大奖的城市。他们的做法是:领导重视,管得具体,但具体问题并不都由市长拍板,而是充分发挥部门和专家的作用。如现在的分管副市长是原来的老建委主任,业务精通,原则性强。他的体会是"越干胆子越小"。而专家顾问们说:"我们越顾心越虚,越感觉要非常谨慎地提意见。"深圳碰到一些重大问题,都要听专家、顾问、各部门意见,甚至已做了决定后发现问题,凡能改的就改,合情合理地重做安排。所以现在深圳的建设水平越来越高,各方面的协调越来越好,失误也越来越少。深圳福田中心区的规划各项目间及各项目与各基础设施间在技术上和程序上配合紧密,虽然是按市场经济要求布局的,但整体性非常强。我认为,福田中心区有可能成为我国气派最大、最漂亮、最现代化的地区。总之,这是一种较好的办法。深圳的情况是市领导在决策、拍板时很谨慎,很周密。现在的情况很复杂,一个项目往往背后有许多互相关联的问题,处理不好就会成为遗憾的事情。

2. 必须有区域的观念

这一点,深圳有教训。由于认识这一问题晚了点,导致特区建好了,外围建乱了,几十个镇天女散花,现在难以收拾。在城镇密集地区,包括江苏、浙江,独立城镇几乎不存在,每个城镇都与外围的经济、社会、生活有着千丝万缕的联系。城市群的整体性、系统性大大增强,制订规划必须从区域研究入手。我们在研究苏州规划时。不是先考虑中心区 100 万人的规划问题,而是先考虑 600 万人的苏州的问题。过去的做法是,先考虑中心城区的规划,然后再把边上的镇的规划一个一个加上去,得出一个苏州规划。现在看来这样做法是不行的,必须一开始就从大苏州 600 万人范围的互相关系着眼,再做中心区的规划才行。

3. 正确认识现代化

现代化是我们长期的奋斗目标，我们要毫不犹豫地去做好。但我认为城市现代化首先体现在基础设施与环境方面，而不在于城市的外部形态，尤其不能片面地理解为城市现代化就是高楼大厦、大马路、大立交。如果这些东西是现代化的标志，我可以说我们现在一些城镇已经超过了世界上很多现代化城市，也超过了悉尼、堪培拉、巴西利亚等一些崭新的现代化城市。现代化是效率，是环境。最近北京提出要把中关村建成中国的科技酵母剂、发动机，但讨论中大家普遍认为中关村各项因素中最差的是环境。我们要密切注意环境问题。

4. 要防止城市中心区的过密现象

目前城市建成区内，特别是中心区出现了热岛现象。这个问题最早在上海发现。突出表现在：一是昼夜温差减小，小到只有 1~2℃；二是城郊温差扩大，大到 4~5℃甚至 6~7℃。上海已对这种现象予以高度重视，严格控制中心区的加密。在城市建设中，我们常拿香港作对比，香港的密度很高，为什么不能像香港呢？在这种指导思想下，加上开发机制问题，开发商愿意多盖房子，提高"效益"。很多城市控制不住容积率，就是要高密度。人多了，车多了，空调多了，自然城市中气温就高了，问题是环境恶化了，怎么改？据调查，日本车多，高层建筑多，但只集中在都心地区或副都心地区，其他地区的建筑容积率控制得很严。日本住宅建筑容积率很少超过 2，我们现在很多城市达到 3，个别城市甚至更高。东京的容积率总平均只有 1.9（最近，日本专家早川先生说东京容积率实际是 1.5），而且环境与土地价格紧密联系，过密以后地价就低了，而我们却相反，不太从整体考虑。我们本来人口密度已经很高了，如果想要再加密的话，矛盾就更多了。我们要尽量避免走弯路。用地要节约，环境要改善，要可持续发展。

5. 城市交通现代化

这是城市规划面临的一个重大问题，同时也是基础设施建设中最难解决的问题，我们必须加速道路交通建设。但它不仅仅是多修马路、多修立交的问题。一般来说，应该先形成网络，发挥网络优势，特别应注意支路建设。支路面积一般占总路面面积的 75%，这样才能形成网络，疏解交通流量。此外，管理也非常重要。国外一些经验教训值得我们参考。他们很少将高速公路、汽车专用路、高架路修入城市里面。为了保持良好的城市环境，必须用别的方法来控制交通。上海延安路13公里长的高架路还未修好,美国波士顿就在拆除相同规模的高架路,将其转入地下。城市化问题中必须高度重视这个专业问题。

6. 规划管理

城市规划管理在规划有序后往往就上升到主要位置。"三分规划,七分管理"就是讲规划管理的重要性。特别是涉及需要领导决策和重要经营管理的地方,我们都应积极参与。规划必须有帮助政府决策的意识及帮助企业经营的意识。

7. 文化品位和特色

研究城市风格往往会碰到一个问题,究竟统一好,还是多样好。我认为面貌统一或不统一都可能搞好,对这个问题应区别对待,关键是发挥设计人员积极性,鼓励他们提高水平、探索创新。要突出我国特点,统一性强一些可能收效好一些。

8. 地下空间开发

由于土地资源紧缺,地下空间开发问题已提上议事日程。过去有人防建设,现在看来无论从人防来说,还是从土地利用来说都还做得不够。南斯拉夫之所以能在高科技战争下坚持78天,非常重要的一条是准备了很多防御工程,一出现战事,80%的人口即转入地下。这也就是所谓城市综合生存能力问题。虽然现在一般防御设施已无法抵御精确制导武器,但是对于整个社会的防御和隐蔽,地下工事特别是浅层地下工事还是起决定作用的。由于土地紧缺,中心地区也需要多搞些地下设施。城市中心地下设施从综合造价来看已经可以接受了。存在的问题主要是,地下工程的环境条件,由于技术和人为原因,往往还不能尽如人意。如果搞好了,是个很大的可以开发的处女地。一些城市已逐步取得了一些经验,包括杭州,沿湖地区地下两层做得还是很好的。

9. 提高规划水平

现代城市中,任何一项规划都会牵涉左邻右舍各方面,是一种综合性的规划,都比过去要复杂。我们一定要努力提高自己的规划质量,才能早发现问题,早研究落实,减少失误状况。编制规划除了传统方法,深圳最近在搞一种"概念规划",我觉得还是很有效的。因为城市总体规划、控制性详细规划都是从全局研究问题,往往不容易在某一方面、某一专题深入下去,为了弥补这一不足,对某一些专题进行概念性规划的讲座、研究,以至公开征集方案,如地下工程规划、海滨地区规划等，这样的做法对规划工作的深化和细化是有利的。城市规划和城市建设总的结果代表了城市建设发展的综合水平。综合水平的提高和优化就是平常常讲的城市经济效益、社会效益和环境效益三者的体现。规划的优化是实现"三个效益"统一和可持续发展的重要条件，也就是社会主义优越性的体现。

10. 管理体制

这个问题有许多矛盾必须解决，全国规划工作会议将做出一些重要决定。

五、关于杭州的规划

杭州城市的地位很特殊。既是历史文化名城，又是风景园林城市、世界级旅游城市，还有人称东方日内瓦。也正是由于她的特殊地位，对其城市规划建设才有更高的要求，好比在一幅名画上添加笔墨。杭州必须发挥规划师、建筑师的作用，提高城市建筑艺术水平。把杭州比做日内瓦并不恰当，日内瓦的自然风光远不如杭州，但日内瓦没有高层建筑、没有高架路、没有大面积玻璃幕墙、没有"亮丽夜市"；有历史感、有文化氛围、有建筑特色和精品，如旧城区、老宫室、国联大厦等等。

杭州在保护利用古城资源方面不如苏州。苏州古城密度在减小，建筑高度得到严格控制，老城区中没有一幢房子超过26米，一般建筑风格比较成熟。国外建筑师反映，到了苏州才看到中国城市、现代的中国城市；苏杭同是天堂，而园林建设苏州除古典园林外不如杭州，建议加强相互交流参考。

西湖边的规划设计，曾引起广泛关注。从50年代建杭州饭店，后来建西湖饭店、望湖饭店、吴山手表厂都注意研究。我国德高望重、城建工作富有经验的老领导万里同志，早在1985年就向建设部（当时的城乡建设环境保护部）要求必须抓好苏杭两市，至今每年探望他时还要过问苏杭建设如何（他常讲如苏杭搞不好，部的其他工作都提不上）。遗憾的是，很长一段时间杭州虽不断改观，但改得不理想，改好的当然有，改坏的也不少，教训实在不少。为西湖饭店位置和体量失当，全国规划和风景园林两大学会300多人上书，没有结果。我曾先后和储传亨、叶如棠两位同志共同来过，直接做台商业主的工作，当时同意将沿湖的饭店由11万平方米压缩至8万平方米，过后又反弹上来，有的领导走"上层路线"做我们工作，部里也错误地同意了省里的报告。我深知建筑形式的长远影响，而且建筑形式是多种多样，并非一成不变，应精益求精，发现问题要及时纠正。房子只要未建成，有些地方总是可以改的，应越改越好，所以一次又一次建议修改，但还是"顶"不住、纠不正。所谓"现实难改"。现在情况变了，大家认识上逐渐统一，领导有了高度认识。应该认识到有些工作矛盾是无法回避的，杭州如何做对全国风景城市很有影响，杭州应总结经验教训。"前车之辙，后车之鉴"，我来杭州前和吴良镛先生商谈，一致认为在修改西湖饭店同时应真正发动一场城市整治活动。这两年杭州城市有好转，今年有明确措施，应乘胜前进，很有希望。

21世纪城市何处去，还有许多问题要认识。经过近些年的实践、发展，从欧美看，科技发展，城市的功能不会大变，城市化不会大变，美国从纽约到硅谷（一串小城）都在发展。以人为本原则、公平原则仍在起指导作用。城市经济仍是城市建设基础（比起中国要实在、节约得多）。最近访北美，发现现代化、信息化确实很快，但城市仍无"时装式"改变，反而有点复古，"时尚"只是少数建筑，而且流行不久即衰。过多追求形式是不对的。人家小城市就是不同于大城市，而我们大马路、大高楼在任何城市都好像必不可少。

从深层分析，城市化是一个城市建设链，缺一不可，要一以贯之，形成合力，不断优化。做好了，按系统学原理，总体大于各部分之和；反之1＋1小于2，难以弥补。城市建设决策性强，要下力量搞科学决策、民主决策。

总的，我认为我国的城市规划建设已经取得不少经验，今后在总结自己经验基础上借鉴人家的新经验，一定会走上健康发展的道路。对未来，虽有困难，总的应当乐观。此乃经天纬地、图画江山、福祉后代、荫及子孙之业。很少有一个行业像城市建设那样涉及如此巨大的资金投入，有如此深远的文化、经济、社会影响，又如此广泛地涉及每一个社会成员。我们要不断地适应时代发展需要，扎扎实实地提高城市化整体水平。

祝这次大会的召开将为城市化发展作出新的贡献。

城市化——20世纪的伟大工程*

城市化的初级阶段

我国是世界上城市发展最悠久的国家之一。但直到20世纪中叶，中国仍然是一个积贫积弱的农业国。1949年，中国共有城市136个，城镇人口5765万，城市化水平仅10.6%，只有很少数的几个沿海城市具有自来水、煤气等市政公用设施。

新中国建立之初就开展了有计划、有规划的城市规划建设。北京早在1949年5月就成立了首都都市计划委员会，开始了北京建设的规划和计划。1952年以后，配合第一个五年计划156项重点建设项目，完成了西安、兰州、太原、包头、武汉、大同、成都和洛阳8个重点城市的建设，建成了一批新工业区、工人住宅，以及供电、供水、道路、交通、煤气、排水、防洪和文教、商贸等服务设施。北京市组织全市人民先后疏浚了北海、中南海，整治了紫竹院、陶然亭、龙潭湖，形成广阔的水面，建成美丽的公园。著名的龙须沟工程就是在这个时期完成的。到1957年底，全国城镇人口达到9949万，年均增长率为7.06%，城市化水平上升到15.4%，设市城市由1949年的136个增加到178个。

第二个五年计划期间，随着沿海和内地关系的调整，城市建设从内地推向全国。1960年城镇人口增加到13073万人，占总人口的19.8%，设市城市迅速增加到208个。许多城市为适应工业发展的需要，迅速编制、修订城市总体规划，积极进行城市建设。每年竣工住宅1023万平方米。天津市完成了改造海河工程，使海河实现了"咸淡分家"、"清浊分流"。北京十三陵水库、怀柔水库和密云水库等一批大型供水工程相继完成。全国城市水厂达到326个，供水管道长度达到15896公里，初步解决了城市水源问题，建设了城市供水系统，许多城市的居民第一次用上了自来水。城市道路建设、排水管网建设和城市公共交通建设也都取得了前所未有的成熟。为了迎接国庆10周年，首都北京建设了人民大会堂等十大工程。

---

* 本文原载《城市开发》，2002年第3期，作者：周干峙、张勤。

北京、上海、天津、南京、南昌等一些大城市，为了适应工业发展的需要，还规划建设了一批卫星城。

第一、第二两个五年计划，总的是在计划经济体制下，用统一规划、统一投资、统一设计、统一施工、统一分配、统一管理的"六统一"方法，加强了工业城市新建和扩建，以较少的投入取得了较大的效益，保障了新中国成立之初各项经济建设的恢复和发展，奠定了新中国城市体系的基本格局。

60、70年代之交，由于国家在政治经济领域的一系列重大失误，有10年时间城市化和城市发展趋于停滞。城市建设投资比例下降，许多城市的城市公用事业几乎处于瘫痪的状态，城市各方面问题十分突出。城镇人口曾一度徘徊在1亿～1.1亿之间，城镇人口比重多年停滞在12.2%左右。

城市化迅速发展时期

1978年党的十一届三中全会以来，改革开放，使我国的城市化和城市发展进入了一个崭新的历史时期。这个时期是中国城市化与城市发展速度最快、规模最大的阶段。从1980年至今，城镇化水平年均增长率由前30年的1.97%上升到2.74%。到2000年末，我国的城市数量达663个，建制镇达19780个，城镇人口达4.56亿，城市化水平达到36.09%。城镇化水平年均提高0.65个百分点，是同期世界城市化水平增长的2.5倍。

随着经济体制改革和社会主义市场经济体制的建立，全面调动了城市化与城市建设的积极性。城市化和城市发展的模式也发生了根本的变化。由国家建设带动的"由上而下"的城市化与由农村经济发展推动的"自下而上"的城市化相辅相成，城市建设资金渠道多元化，城市建设投资规模大大增加，城市基础设施的建设速度突飞猛进，建设水平不断提高。以城市住宅建设为例，1978年，住房竣工面积只有3752万平方米，进入80年代就突破每年1亿平方米。1985年达到1.5亿平方米，以后连年飙升，"九五"期间年均达到4.6亿平方米。20年的时间，人均居住面积从3.9平方米提高到10.25平方米。城市建设不仅速度加快，而且人居环境的现代化水平大大提高，与发达国家的差距逐渐缩小。作为不同区域的中心，各级城市的功能不断完善，中心地位和辐射能力不断增强，带动和促进了各级区域的发展。为了促进经济体制改革，国家加大了对外开放的力度，在深圳、珠海等经济特区城市的基础上，于1984年进一步明确了14个沿海开放城市。经过近20年的建设和发展，这些城市都已成为区域经济发展的中心。1999年，4个经济特区城市和 14 个沿海开放城市以占全国 3% 的人口创造了全国 14.5% 的 GDP，人均 GDP 达到 29700 元。

随着农村经济体制改革的深入，乡镇企业蓬勃兴起，带动了小城镇的迅速发展，并创造了具有典型意义的依靠集体经济引导小城镇发展的"苏南模式"和依靠个体经济和集市贸易带动小城镇发展的"温州模式"，丰富和发展了具有中国特色的城市化道路。我国小城市和建制镇的数量分别从 1979 年的 92 个和 2173 个增加到 2000 年的 352 个和 19780 个，基本上实现了大中小城镇协调发展和加快发展中小城市的方针。

城市化改善人居环境

经过半个世纪坚持不懈的努力，城市发展和城市建设取得了巨大的成就，可以讲整个国家的面貌都由此得到了根本的改变。目前，城镇在国民经济和社会发展中占有举足轻重的地位。全国工业总产出的 50%、国内生产总值的 70%、国家税收的 80%、第三产业增加的 85%、高等教育和科研力量的 90% 以上集中在城市。城市建设了近 50 亿平方米的新住宅，全国高层建筑已有近万幢。自来水供水能力从新中国建国初期的每年不足 10 亿吨发展到每年 469 亿吨，4.56 亿城镇居民都有房居住，有洁净的水可用。城市道路从 1 万公里发展到 16 万公里，人均道路面积从 2.4 平方米提高到 9.09 平方米，许多城市都建设了高速路、立交桥。城市绿地从 2.6 万公顷发展到 86.5 万公顷；用气普及率从 1957 年的 1.5% 提高到 84.15%；城市污水处理从无到有，已经形成日处理污水 114 亿立方米处理能力，污水处理率达到 32%。城市文化教育设施、公共服务设施建设也取得了空前的成就，全国有 2700 多个公共图书馆、1300 多个博物馆，其中绝大部分分布在城镇。最近几年，信息网络和数字化已在部分城市迅猛发展。几乎所有城镇都大大改变了面貌，明显地提高了各种设施水平。不少城市的建设质量和发展水平得到了世界的肯定，如成都、沈阳、大连等城市分别获得联合国人居奖。珠海、深圳、昆明、绵阳等一批城市因人居环境改善被联合国人居中心评定为最佳范例、良好范例。许多经济发达的城市，以其方便、舒适、实用和高效跻身世界现代化城市之列。

城市化推进城市综合发展

　　城市化和城市发展,有力地促进了城市规划事业的发展。我国城市化和城市发展建设的成就都是在城市规划的精心指导下取得的。"一五"和"二五"时期,配合156个重点建设项目的选址和配套生产、生活设施的建设,北京和其他重点建设的8个城市迅速编制了城市总体规划和详细规划。到1957年国家先后批准了15个城市的城市总体规划。城市规划不仅保障了重点建设项目的有序进行,而且保障了有计划、按比例的配套建设,妥善解决了条块之间的矛盾,促进了各重点工程和重点城市建设的顺利进行。在城市发展建设被迫停滞的60、70年代,城市规划工作受到了严重的冲击和破坏。1978年以后,城市规划工作逐步恢复和发展,全国普遍开展了城镇体系规划、城市总体规划和详细规划的编制。为了加强对城市历史文化和革命文物的整体保护,避免对历史文化古迹的破坏,1982年2月国务院批准公布第一批24座国家级历史文化名城。此后,又分别于1986年、1994年公布了第二、第三批国家级历史文化名城。迄今为止,国家级历史文化名城已达100座。这些城市普遍制定了历史文化名城保护规划。1989年12月,《中华人民共和国城市规划法》颁布,城市规划开始了有法可依的新纪元。

　　城市化和城市发展促进了城市建设技术的进步,促进了新材料、新技术的广泛应用。与城市建设相关的各项工程技术得到迅速的发展和广泛的应用,城市防灾、抗灾的能力不断提高。1983年以来积极推行城市节水,在大力开展节水教育和宣传,增强全民节水意识的同时,节水技术和节水用具的生产水平迅速提高。截至2000年底,全国城市累计节水约320多亿吨。随着城市道路建设和公交事业的发展,城市道路和桥梁建设技术得到较大的发展,公交设备制造和城市轨道交通建设水平不断提高。城市污水回收和处理技术、固体垃圾无害化处理技术、城市供暖和燃气输供技术发展也都取得了重大的成就。

　　城市化发展有力地推进了国家经济结构的改善。1998年我国有34个城市人均GDP超过2万元。1998年城市第一、二、三产业增加值的结构比重为5∶50.5∶44.5,第三产业增加值的结构比重比全国平均水平高11.7个百分点。第三产业的迅速增长,使得城市功能得以进一步完善和增强,城市对区域经济的辐射和带动能力大大提高。

　　与世界城市化发展的普遍现象不同,我国的城镇化不是伴随着农村的破产和城乡关系的尖锐对立展开的,而是走了一条城乡居民共同富裕、城乡经济共同繁荣的富有中国特色的城市化道路,有效地避免了大城市的过度膨胀和与之相伴的城市贫困现象。作为一个拥有世界 1/4 人口的发展中国家,城市化进程持续稳定的推进,是对人类发展的重大贡献。

京深沪,城市化发展的重要标志

50 年来,我国城市化与城市发展建设取得了举世瞩目的成就,完成了其他国家用近百年的时间才走过的历程。特别是北京、上海、深圳三个大城市的建设与发展,更加突出地反映了中国城市的特有风貌,是我国城市化发展成就的重要标志。

北京:北京具有悠久的历史,由于封建统治和帝国主义的侵略,新中国成立前城市建成区面积只有 109 平方公里,城市人口只有 150 多万。全城道路狭窄,下水道都是明、清时代的遗物,211 公里下水道,只有 22 公里畅通,全城有 100 多条臭水沟。只有 61 辆公共汽车和有轨电车,只有一座日供水能力 5 万吨的自来水厂,自来水普及率只有 30%。城市住房面积只有 1300 万平方米。新中国成立后的半个世纪以来,城市面貌发生了翻天覆地的变化,正在向现代化的国际大都市迈进。目前,城市人口 760 多万,建成区面积已达 490 平方公里,城市规模不断扩大,经济实力日益增强。2000 年全市国内生产总值比 1952 年增加了 120 多倍。新增道路 3506 公里,建成了 138 座立交桥。城市供水能力比 1949 年增加了 106 倍,民用燃气普及率达到 95.4%。城市绿化覆盖率达到 35.6%,人均公共绿地面积 8.97 平方米。建设了新的机场和火车站,加强了北京的对外联系,有力地促进了城市辐射和带动能力的提高。成为一个既有丰富历史遗产,又有大量现代化设施,代表东方文化的国际大都市。

上海:建国 50 年来,上海累计用于城市基础设施投资 2461 亿元,其中改革开放 20 年间,累计用于城市基础设施投资 2401 亿元,平均每年增长 24.7%,相继建成了 3000 幢高层建筑,内外高架汽车专用道和 3 条轨道交通线,还有一大批具有标志性意义的重大城市基础设施工程项目,如南浦大桥、杨浦大桥、徐浦大桥、奉浦大桥,以及隧道复线、河流污水治理一期工程、沪宁高速公路上海段等。1990 年,国务院正式决定开发开放浦东。浦东新区集中城市化地区面积 200 平方公里,人口 200 万人,为中心城的重要组成部分。经过几十年的努力,上海已经彻底改变了原来的面貌,成为具有合理的布局结构,先进的综合交通网络,完善的城市基础设施,便捷的通信系统,以及良好的自然生态环境的现代化大都市,成为我国重要的国际经济金融贸易中心。

深圳：深圳是在改革开放战略方针指导下建设和发展起来的新城市，在短短10年内，从一个只有1万人的边陲小镇发展成为拥有433万人口、经济实力居全国第四位的现代化经济中心城市。2000年国内生产总值为1665.24亿元，外贸出口总额达到345.63亿美元，约占全国的1/7，高新技术产品产值占工业总产值的比重达到42.3%。深圳的城市建设按规划有序推进、均衡发展，城市功能日臻完善，人民生活率先实现了小康。城市建成区面积由原来的3.8平方公里扩展到330.5平方公里，人均居住面积达到17.4平方米，城市污水集中处理率达54%，绿化覆盖率达45%，城市道路总长度约1182公里，城市日供水能力363.7万吨，年供电量149.9亿度，城市信息化水平较高，并在城市高速发展中保持了良好的生态环境，获得联合国"人居荣誉奖"、国际建筑师协会"城市规划荣誉奖"，并被国际公园与游乐设施管理协会评为"国际花园城市"。

城市化和历史文化名城[*]

城市化和历史文化名城是两个内涵不同又互相关联的命题，准确认识和正确处理好这两个问题在当前我国社会经济中具有特殊重要的意义。历史文化是城市发展之"源"，城市化是发展之"流"。我国城市应当"源远流长"，才是健康的持续发展之道。现分别谈谈自己的看法。供研究参考。

1. 关于城市化

城市化这一概念早在半个多世纪以前，在发达国家的经济地理学者中已经提出来了，已经认识到城市化是工业化的伴生物，城市化现象主要是指两点：一是指农村人口向城市转移，城市人口在全国总人口中的比重超过了农村人口。二是指大城市（一般指几十万、百万以上）人口的集中。这些论点，我国学术界也早有所知。但由于解放后的国情，当时的国家利益要求用较小的代价较快地取得工业化的成果，必须采取所谓"勒紧裤带"集中发展工业的政策，总的是想在原有城市的基础上发展新工业，而抑制大城市、不改造旧城市，"大庆经验"以后就进而继续发展城市，想迅速走"城乡结合"，"消灭城乡差别"之路。日本学者越泽民曾善意地指出，中国要走的是"非城市化的工业化道路"。历史的实践证明，工业化离不开城市化。1980年中国城市规划学会在南京曾专门讨论城市化问题，认为城市化是必然趋势，提出了要做好规划等对策，但各方面反响不大。至1980年代中，在部门文件中开始提出城市化发展方向的问题。至1990年代国家经济工作中才正式把城市化列为重要目标，至今，城市化已列入"十五"计划，可以说已经深入人心，越来越受到各方面的重视。

事实上，工业化必然带来城市化。半个多世纪以来，特别是1980、1990年代以来，我国城市化已取得了举世瞩目的伟大成就。中国工程院不久前出版了一本书——《二十世纪中国巨大工程成就》，经几百位专家严格评审，共选出了25项我国世纪性的成就，其中"城市化"是没有争议，一举入选的。因为我国的城市变

---

[*] 本文原载《城市规划》，2002年第4期。

化太大了,半个多世纪以来,增加了500多个市(由100来个增至663个)、1万多个镇(由几千个到近2万个),城镇人口由5000多万增至42500多万(城市化率由10%增至36%)。在如此巨大增长的情况下,仍保证了4亿城市人民的衣食住行。盖了近50亿平方米的新住宅,基本普及了清洁的自来水、煤气、各种道路、排水设施,许多经济发达的城市,以其方便、舒适、实用和高效跻身于世界现代化城市之列。而且,与世界城市化过程中比较普遍的现象不同,我国的城镇化不是伴随着农村破产和城乡关系的尖锐对立而发展起来的,而是走了一条城乡共同繁荣的道路,避免了大城市过度膨胀和与之相伴的城市贫困现象。作为一个拥有世界1/4人口的发展中国家,这种城市化持续稳定的推进,是对人类发展的重大贡献。

按照经济发展的规律,我国目前的城市化仍滞后于工业化,在可以预见的未来,城市化仍将迅速发展,因此如何保持其持续健康地发展,显然十分重要。就像许多事情在发展迅猛的情况下总有不足之处,我们在充分认识取得了不起成就的同时,还必须充分认识尚且存在的种种问题。在当前我国城市化进程中,我认为已出现以下误区:

(1)把城市化目标变成一种指标,或作为城市现代化的一个指标。达到一定目标并不是指标越高越好。欧美不少国家城市化比重在70%~80%,并不比城市化比重90%以上的国家落后。

(2)不分地域范围大小都讲城市化、比城市化。一个省域的城市化怎能和一个市域的城市化来比。甚至一个县域也讲城市化是没有意义的。小范围的一个市,历史上市域小,后来扩大了,前后对比,也许几十年前的"城市化"比现在还高。

(3)中国未来的城市化比重,也未必一定比其他国家高才算好。要看高在哪里,为什么高。目前我国在一定范围内城市化比重最高的地方可能是内蒙古额济纳旗,该旗总面积11.46万平方公里,比浙江还大一点,总人口4万多,87.5%集中在旗政府所在地,那是荒漠化逼出来的,牧民进城贫困化,这种城市化真是罪过。

(4)在历史长河中用城市化发展程度去衡量古代城市,如讲汉、唐时代城市化如何如何,忘记了城市化本身只是历史中一段时期(工业化时期)的产物,连后工业化以后的城市都将另当别论,工业化前的城市更无"化"可谈。

(5)人为的一时的城市人口比重提高,并不等于城市化水平提高了;同样,我国过去实施控制城市人口增长政策时,也并不等于城市化水平就特别低下。

(6)要"加速城市化","推动城市化发展"的提法不准确,本是伴生物,不能舍本求末。

城市化是一个综合现象，有极为复杂的因素，要分析研究认识，不能简单化地加以演绎决策。特别是我国的城市化有很多自己的特点，要注意解决好自己特有的矛盾问题。笔者初步认为，有以下六个方面值得注意：

（1）讲城市化要数量和质量并重，特别要重视质量。城市必须有良好的生活质量，包括良好的市政、公用设施，住房和各类公用设施，不能只重外表，忽视实用、经济，只重地上建筑，不重视地下基础设施。

（2）讲城市化要争取速度和持续发展并重，特别要重视可持续发展。作为开放的复杂的巨系统的城市，按照系统的规律，其发展并非简单的叠加。各系统之间，系统发展的先后之间，协同共济或矛盾互挤，效益差别巨大。进进退退，停停打打，都不利于发展。

（3）讲城市化要实体与环境并重，特别要重视环境。环境条件既是城市赖以生存之基础，又是现代城市素质之根本。城市化应同时保护好自然环境、创造宜人的人造环境。保持人和自然的协调共存，否则违反规律，就难以逆转。与世界先进的城市化国家相比，我国城市环境的差距甚大。例如城市人口密度过大，大环境荒漠化等问题，都必须花大力气才能有所改善。

（4）讲城市化要硬件与软件并重，特别要重视软件的建设。越是现代化城市，越是不可缺少现代化的经营与管理，在建设优质硬件的同时必须建立起良好的管理工作。温家宝同志讲得好："当前，我国城市工作中普遍存在的突出问题，就是'重建设、轻管理'，城市管理思想落后、管理水平低，是城市建设和发展中许多问题的症结所在。要实现城市现代化就必须着力提高管理水平。为此，首先要适应新形势的要求，确立正确的城市管理思想，改进领导方式和领导方法。城市管理一定要按照市场经济和现代化建设的规律，充分发挥市场对资源配置的基础性作用；同时要加强和改进政府对城市建设的管理。要加强法制建设，健全法律法规，严格执法，坚持依法行政、依法治市，务必把城市各项管理工作纳入法制化轨道。总之，要通过全面加强管理，使城市既充满活力和生机，又协调有序和健康地发展。"（温家宝在中国市长协会第三次代表大会上的讲话）

（5）讲城市化要个体（城市）与群体（区域）并重，特别要重视区域问题。城市化本身就是从区域着眼观察城市现象的，而且任何城市都离不开区域的支撑。还是温家宝同志讲得好，要处理好城市建设与区域发展的关系，他说："城市是区域的中心，区域是城市发展的基础。城市工作必须正确处理城市与区域的关系，促进城乡协调发展。一方面，要不断增强和完善区域性中心城市功能，充分发挥中心城市对发展区域经济的辐射带动作用。另一方面，城市的建设和发展必须立足于区域资源条件和环境条件,服从于整个地区发展的需要。要做好区域规划,建立有效的协调机制。要统筹安排基础设施,避免重复建设,实现基础设施区域共享和有效利用;严格限制不符合区域整体和长远利益的开发活动。同时,城市规划也要打破就城市论城市的狭隘观念,增强区域意识。城市不仅要从自身条件和发展要求出发,还必须充分考虑区域整体状况,安排好生态环境保护、资源开发利用和基础设施建设。"

我国的城市化发展到今天,已经出现了"高密集、高城市化地区",就是人口在千万以上,土地在几万平方公里以上的城镇高度密集的地区。有学者研究这样的城镇高度密集地区全世界共七处,而中国占三处——长江三角洲地区、珠江三角洲地区和京津"大北京"地区。如果没有区域规划,综合协调发展,何来健康的城市化呢。

(6) 讲城市化要物质文明和精神文明并重,特别要重视精神文明。这显然是中央领导曾深刻指明,并为大众所深切感悟了的重大问题。大家知道,没有文化的城市谈不上是现代化城市,也谈不上是健康发展的城市化,这里不再展开。在城市精神文明建设中有一个城市历史文化的保护问题应是城市规划建设部门致力于健康发展城市化的最直接责任,需要再专题表述如下。

2. 关于历史文化名城

"历史文化名城"的提法是我国独创的。国外一般叫作"古城"(old city)、"历史城市"(history city)等。我国这一提法显然包含有历史的、文化的和高水平的三重含义,比较全面。如何保护历史文化名城(包括102个国家级历史文化名城和所有城市中具有历史文化价值的部分),保护这些城市的历史文物、历史风貌、历史建筑、历史街区、历史习俗等等,已经有过许多讨论和研究,受到了有关领导和社会各界一定程度上的重视。

笔者认为,保护历史文化名城有四方面重要意义:

(1) 具有重要的文化价值。城市是历史文化的载体,是民族国家之根本。

(2) 具有科学价值。它体现了前人的智慧,给后人以启迪。

(3) 具有教育价值。包括对社会经济、科学技术和政治思想教育的作用。

(4) 具有美学价值。从形式美到心灵美,广义的美学是人类精神生活的最高境界。

如此具有重大价值的历史文化名城为什么却"屡屡惨遭破坏"呢?看来,在认识上还有四个误区:

（1）认为它的形象破旧。如同垃圾，何值之有。
（2）认为它是落后标志。已经过时，留之何用。
（3）认为它浪费用地。不合今用，只能重建。
（4）认为它阻碍发展。碍手碍脚，去之方快。

其实，城市中许多有价值的历史的印迹就像是人的生命的足迹，是生长的资源，是财富，是宝藏，是特色，只要客观全面地看待问题是不难认识清楚的。

但是，在城市化初期，世界上也有过上述错误的认识。在现代化过程中不分青红皂白地毁坏古城古物。在我国现阶段有四种力量，或者叫四个"积极性"支持着这种所谓的大规模改造旧城：

（1）开发经营者的积极性。因为城市里的人总是离不开历史的积淀，只有在靠近有历史基础的地方，开发经营才有最高的回报率。

（2）城市领导者的积极性。在人们最容易见到的地方，才最能表现其政绩，才能得到赞誉。

（3）一些蹩脚规划师、建筑师，要么不懂，要么迎合，从大拆大建中得到好处（以上三条在浙大毛照晰教授的人大发言中已讲得很透）。

（4）部分居民的积极性。原来无力通过自己改善居住条件的，可能从拆迁中得到一定的补偿（被强迫命令者除外）。

很显然，以上几个"积极性"如加以正确引导，可以真正起到在促进城市化的同时保护好历史文化名城的作用；但如果缺乏正确领导，必然是只看到近期利益，而丢弃了长远的文化延续的利益，损害了居民应有的区位利益（很多被迁居民往往在后来醒悟过来），影响到城市的环境利益、交通顺畅的利益、旅游经济发展的利益等等，最终是得不偿失的。

世界上已有不少发达国家，总结了历史经验，不断提高对保护文物、保护历史城市、保护历史街区、保护历史印迹的认识，并认识到保护与发展必须统一起来，而且可以统一起来，保护历史文化本身就是现代化建设的不可或缺的重要组成部分。

这种认识表现最突出的是在许多欧洲城市，几乎无一不把现代化城市建设和尽量保护原有风貌结合起来，英国早就不用旧城改造（reconstruction, renew, renovation）等提法，而改用激活旧城（regeneration），整治旧城（refurbishment）等指导思想，而且在实际工作中探索创造出多种多样的从较大范围到个体建筑的细致的保护利用措施。

世界上三大列入联合国世界自然历史文化遗产的城市——巴黎（中心区）、巴西利亚、圣彼得堡中心区，就是各有特色的得到整体性保护的历史文化名城，都是风貌统一的大城市。巴黎是18世纪奥斯曼以后，通过文艺复兴及巴洛克建筑风格，通过用相同的石材、铸铁栏杆等细部，取得极为统一的城市风貌；巴西利亚则是完全新建的二战后的现代风格，是"新"的风貌的统一体；圣彼得堡是学了巴黎再吸收东方（西亚）特色，在统一中具有一定变化的特色。从城市景观艺术看，有"统一"的美，也有"不统一"的美。伦敦可算是另一种典型，由于历史条件，久远年代的积淀，点点滴滴，在并不"统一"的形态中，可以看到它的连续性、逻辑性，仍然是一个具有美感的相对完整的城市。至于城市的个别部分，一街一屋，一路一景，把历史与现实及未来结合起来，处理聪慧的例子在世界城市中已经数不胜数了。

回顾我国保护历史文化名城的经验教训也是十分丰富的。曾有不少败笔，也有一些成功典型。不少历史文化名城为保护其特色，处理好新旧之间的关系，进行了大量的研究探索，如苏南和浙江一些中小城市。但总的来看，盲目非古，视宝为废，大拆大建，大搞"更新改造"之风还没有被制止，造成经济、文化的损失也越来越大。对比世界一些发达国家，如法国在20世纪70年代即经普查确定全国200多万处保护项目（人民日报报道），而当时据我国文物专家估计，我国最多仅存50万处。欧美一些国家旧城保护范围达全城80%、90%以至100%。我国已经很难再找出继平遥、丽江以后能够申报成为世界自然文化遗产的完整的历史古城了。原来可以和巴黎媲美的北京老城区，也无法和人家同日而语了。

在近几年的迅速城市化过程中，由于城市经济实力增强了，加上旅游事业的需要，历史城市、历史街区和历史景观得到了较好的保护，但仍是局部性的，在某些局部得到保护而总体格局上破败不堪、难以补救的例子还不少。我国城市历史文化的保护范围和保护项目绝不是多了，而是少了，太少了。

我们应当认识到，历史文化名城保护工作不仅仅是保护几个区、几条街、几幢房的问题。它实质上是对"名城"整体工作的一个点和面的认识问题和工作的综合反映，它涉及城市规划、建设、管理的方方面面。最终体现的是城市整体的素质、品位和文化，其成败具有不可逆转性。正是由于这一认识高度，许多专家提出当前必须制止对旧城进行大拆大建，加强对历史文化名城和所有有历史价值的旧城区的保护规划。像几年前抢救国家文物、保护自然生态环境那样，把该保护的城市的历史环境、文态环境坚决保护下来。温家宝同志在全国市长协会第三次代表大会上论述保护历史文化名城、正确处理城市现代化和保护历史遗产的关系。十分精辟。他说：

"城市是一个不断发展、更新的有机整体,城市的现代化建设是建立在城市历史发展基础之上的。我国是历史悠久的文明古国,许多城市拥有大量的、极其宝贵的自然遗产和文化遗产。自然遗产和文化遗产来自天赋和历史积淀,一旦受到破坏,就不可能复得。在城市现代化建设中,必须高度重视和切实保护好自然遗产和文化遗产。城市现代化建设与城市历史文化传统的继承和保护之间,不是相互割裂,更不是相互对立的,而是有机关联、相得益彰的。继承和保护城市的自然遗产和文化遗产,本身就是城市现代化建设的重要内容,也是城市现代文明进步的重要标志。当今世界上,许多著名的城市在现代化建设中,都采取严格措施保护历史文化遗产,从而使城市现代化建设与历史文化遗产浑然一体、交相辉映,既显示了现代文明的崭新风貌,又保留了历史文化的奇光异彩,受到了世人的普遍称道。保护好自然遗产和文化遗产,使之流传后世,永续利用,是城市领导者义不容辞的历史责任。

当前,我国城市建设中存在的突出问题是,一些城市领导只看到了自然遗产和文化遗产的经济价值,而对其丰富、珍贵的历史、科学、文化、艺术价值知之甚少,片面追求经济利益,只重开发,不重保护,以致破坏自然遗产和文化遗产的事件屡屡发生。有些城市领导简单地把高层建筑理解为城市现代化,对保护自然风景和历史文化遗产不够重视,在旧城改造中大拆大建,致使许多具有历史文化价值的传统街区和建筑遭到破坏。还有些城市领导在城市建设中拆除真文物,兴建假古迹,大搞人造景观,花费很大,却搞得不伦不类。对于这些错误做法,必须坚决加以纠正。

历史文化遗产的保护,要根据不同特点采取不同方式。对于'文物保护单位',要遵循'不改变文物原状的原则',保存历史的原貌和真迹。对于代表城市传统风貌的典型地段,要保存历史的真实性和完整性。对于历史文化名城,不仅要保护城市中的文物古迹和历史地段,还要保护和延续古城的格局和历史风貌。对于自然遗产,要按照严格保护、统一管理、合理开发、永续利用的原则,保护、建设和管理好。作为一个市长,要加强文化修养,要了解一个地区、一个城市发展的历史,办事情、作决策要对历史负责,对人民负责,对子孙后代负责。"

历史发展到今天,为我国社会经济发展提供了极其难得的机遇。要保持城市这一大系统健康的可持续的发展,一定要制止对历史文化的破坏性建设。如果把山水景观丢了,代之以水泥、玻璃的高楼群;把传统的建筑都推倒,代之以抄袭克隆的"方盒子";失去自己的特色氛围,代之以复制搬来的"欧陆风",其结果只能是低水平、低质量、低品位的"城市化"。和刻意创新、吸收优秀外来文化毫无共同之处,也谈不上什么现代化形象,算不上真正的政绩工程。

总之,一个健康的社会经济需要有健康的城市化,一个健康的城市化又必须有相应的健康的生态和文态环境(图1)。

城市建设只有真正按照"三个代表"的思想,各方面相辅相成,协同共济,才能与时俱进,进入更高的阶段。相信我们定能总结经验,提高认识,完成我国高度文明的城市化的光辉历程。

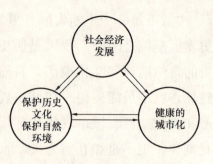

图1 城市化与社会经济及生态、文态环境的关系

要规划好农民的城市化*

城市化不只是城市方面的事情，对城市化要有全民的观念，这是党的十六届三中全会上提出的新发展观和"五个统筹"中要统筹城乡发展所明确指出的。这就要求我们在研究城市化时必须考虑一个根本问题，就是我们研究城市人口从目前4亿（占总人口39.1%）如何增长到7亿左右（占总人口50%左右）时，也必须研究农村人口如何从现在的8亿左右减少至将来的6亿左右，还必须研究全国人口的发展变化状况。过去和现在的经验都说明城乡只有协调发展，共同走向富裕，才有健康稳定的城市化。

我们还应对城市化有一个全面和准确的理解。在城市化过程中，除了农村人口向城市人口转化以外，还要包括所有人的生活方式的城市化问题。所以确定城市化目标和评价城市化水平，不能简单地看在城市里生活的人口数量，还要看他们的生活质量，看他们的生活方式是否具有城市应有的水平，看城乡人民的生活水平提高了没有。世界上发达国家城市化率有70%的，也有90%左右的，都要加上农村生活方式的变化怎样，才能真正反映其城市化水平。没有进城的农民和农村也是城市化要考虑的重要对象，而在目前规划中对这一部分的重视还很不够。

目前有三种农民在规划发展时应当考虑：一、市域范围内农民，生活在市域范围内的农民，也就是所谓"郊区农民"；二、流动农民，已经出来打工的农民工；三、市域以外暂时或长远留乡务农的农民。

一、市域范围内的农民

大体上又可分两种情况。一是在城市建设中已被圈进建成区的城中村；二是在市域范围内的乡村，将来一部分会被纳入发展区，一部分还保留为乡村。这两种都是城市化最贴近转化的部分。在全国660个城市中，城中村人口大约占城市人口的10%左右（或更多一点）。在市域内的农民，按国家统计局资料，约3.2亿

---

* 本文原载《光明日报》，2003年4月8日。

人，相当于现有城市人口的56%。从近几年行政体制改革的成效看，地改市和地市合并后这一范围逐渐扩大（图1～图3，引自周一星《城乡划分的识别系统研究》课题报告）。

规划发展如何对待这部分本来就在城市门口的农民是个重要问题。近来有一部分发展快、圈地多的城市把近郊土地征用下来了，拆迁也安排了，但没有安排就业，往往除了有中学以上文化水平的青年容易找到工作以外，其他劳动力都成了"待业"人口，生活发生困难，成为社会不稳定因素。这就是说搞不好侵犯了农民利益，就会使城市化的有利方面，转变为对立方面。

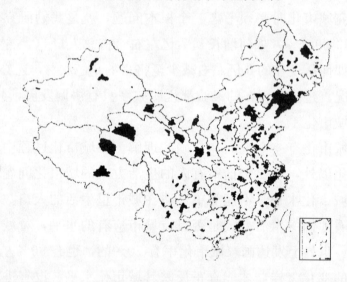

图1　1982年的城市市域

图2　1995年的城市市域　　　　　图3　2002年的城市市域

征用土地，安置农民，历来有不少政策规定，要保障农民的利益。这里有一个根本理论问题,就是关于土地的级差地租应该如何分配的问题。所谓级差地租,按经济学和马克思的级差地租理论,分为级差地租Ⅰ和级差地租Ⅱ。级差地租Ⅰ是指自然状态下土地的位置及其肥沃程度等所形成的在土地交易中应归土地所有者的超额利润。级差地租Ⅱ是指由于外来的资本投入以及相关的外部条件改变后,如有了铁路、水利灌溉以后带来的超额利润。在城市化过程中,级差地租Ⅱ的数额巨大。级差地租Ⅱ相当一部分归国家是必要的、合理的。其一是补偿国家对公共设施的投入;其二是用于国家的再投入以用于全民。但级差地租Ⅱ也有一部分或相当一部分应归回农民,因为级差地租Ⅱ是以级差地租Ⅰ为前提的,级差地租Ⅱ只是级差地租Ⅰ的不同的表现,两者互为界限(见资本论第三卷,第763、764及831页)。所以,原属农民(包括集体及个体农民)的土地,其所有权及长期在土地上的投入应该在级差地租Ⅱ中有所体现。

我国的土地制度规定,农村集体土地不能进入一级市场,只能由国家征用,由国家土地部门出让土地使用权。征用土地补偿一般考虑了青苗、水利设施以及各种地上附着物的补偿,一般为每亩3万~5万元左右。但转化为城市土地以后,地价转眼间上升(一般为每亩几十万元以至上百万元),巨大的收益,除了用于建设,经多种多样渠道,大量为开发商和贪官污吏所攫取。农民的利益被剥夺了,这一矛盾如何能平静下来?

应该讲,中央早就提出"三农"问题,最近又一再要求安置好失地农民。有一些地方也已经认识到这一问题的重要性,已经明确了指导思想,采取了有效的措施。广州市最近取得了一些经验。广州大学城,规划集10所大学,首期占地20多平方公里,在一个岛上,开始征地安置工作不周,农民上访不断。后来市里研究,全岛2万农民,留1万作为大学园区后勤服务人员,同时建设三个新村,另迁出1万人,也各有所得,做到皆大欢喜。总结这一经验,在全市做了规划,将75个城中村和剩下的农业村镇做了全面规划。在浙江等地也有农民进城就业生活提高的好经验。关键是农民应有的权益得到保障,农民由反对动迁转化为欢迎动迁。农民进城,应该是兴高采烈的。农民进城成为贫民,绝不是中国城市化的方向。(现各地户口已基本放开,不少城市也已将城中村,以至市域内农业户口全变为城市户口,如深圳,明年城市化率指标必将陡增。)

二、出来打工的农民

前几年所谓的打工潮,实际上是一种农民自发的城市化。打工仔一只脚在农村，一只脚进了城市，对城市化是巨大贡献，也是我国城市化的一大创举。

据农业部和劳动保障部统计，目前全国共有大约1.4亿农民进城就业（表1）。

农民进城就业分布状况 表1

	出乡就业人口		出县就业人口		出省就业人口		总计数量
	数量（万人）	比例（%）	数量（万人）	比例（%）	数量（万人）	比例（%）	（万人）
1996年（农业部资料）	7222.6	51	4487.2	32	2363.5	17	14073.3
2000年（劳动部资料）	6133	45	4511	34	2835	21	13479
2001年（农业部资料）	8810	46.5	6253	33	3866	20.5	18929

注：引自谢扬《城镇化与城镇人口增长预测》。

总体看来，农民工的贡献是多方面的。据调查，外出就业的农民工年人均收入约5000～6000元，其中一半多一点寄回家，据2003、2004年统计，每年共有3000多亿元从城市流回乡村，有的县民工回寄款已是地方经济的重要组成部分。据说，四川全省打工农民寄回家的钱已经超过了全省的财政收入，而且打工几年，往往带回文化技术和经营管理经验，成为地方经济发展的重要来源。

农村劳动力转移流动情况是相当复杂的，但不难看出：

1. 目前农民移出情况已经相当稳定，丝毫没有减少的趋势。

2. 从转移地点看，1/2的进城打工农民选择就近转移，远距离的只有1/5。但随着交通条件改善，远走一点愈来愈不成问题。无论近远，能出来打工的空间还很大。

我国现有农村劳动力约3.5亿～4亿，已转移的按1.3亿计，约为总劳动力的1/3。有关专家研究，我国农业从业人员只需1.5亿，富余劳动力大约2.2亿人。

从转移远近情况看，还是就近较多，特别是西北移至沿海的很少。这可能和国人习惯观念不愿远离故土有关，典型的如甘肃省建设厅有一次从深圳要了200名打工指标，张榜招工，应征者寥寥无几，有的农民知悉后怀疑地讲："咱们的孩子到那种地方，学坏了咋办？"而恰恰是西部落后地区为发展经济，保护环境，从水土瘠薄、资源贫乏、高寒荒芜不宜人居的地方移出居民是一举多得的根本措施。

从农村移民，包括梯度移民、西民东移，应是城市化发展中的重大政策，必须积极支持，大力发展。

从落后地区移民，其对城市化有几重含义：一是双效城市化。就移出地看，人口减少，少一个"分母"，多一个"分子"，增长率倍增。既加速内地社会经济发展，又使沿海得到加力回报。二是跳跃式的城市化、现代化。特别是农民带出的子女在城市受教育，十几年后长大就业，就从根本上城市化、现代化了。三是多民族融合的城市化。西部历史上就是少数民族聚居生息之地，过去汉民族不断移入，引发一些矛盾。现在大家都移出一部分，有利于改善民族关系，加强国家一统，有利于建立多民族大家庭，更有利于国家的长治久安。

历史上有过不少次大规模的民族迁居和移民活动，推动了社会进步。最近深圳、珠三角就是移民支撑建立起来的城市和地区，至于其他地区，如历史上北京、上海也还不是"移民城市"？我国沿海及中部地区都还有接纳移民的可能，如海南岛西部、珠江三角洲、长江三角洲、苏北沿海、广东沿海、东北平原等，以及保土治水以后的新生土地。总之，空间尚存，只要措施得当，再移出几千万以至1亿多移民是完全可能的。

打工、移民是我国城市化的重大特色。由半城市化到城市化，由"隐性城市化到显性城市化"，完全符合社会经济发展规律和传统习惯。世界上许多国家的城市化是建立在农村破产的基础上，有一个大批农民转为城市贫民的痛苦过程，而解放以来，我国城乡经济虽各有起伏，但总的是波浪前进、共同走向富裕。我们应该因势利导、大力支持和积极提倡，保持和发扬这一特色。至少应该：

（1）健全机构，管理引导；
（2）对打工农民予以较好待遇；
（3）一定时间后，转入正式户口；
（4）一定条件下，允许带子女。

三、务农农民

即使从长远考虑，在我国人口构成中，务农农民仍然会有相当一部分。因为：第一，农业仍不可或缺；第二，十几亿人口的大国，农产品不可能完全倚赖进口；第三，中国的自然条件适合多种多样的农业生产，农业资源要充分利用。因此，农业会永远存在，从事农业劳动的农民也会永久存在。

三种农民实际是交叉存在的。将来，市域范围内的以及流动打工的农民都仍然还有务农的。各地农民都会既有转化为非农人口的，也总会有相当一部分世代务农的。

从事农业与非农业劳动，并不永远意味着前者落后，后者先进。一些发达国家的农民的生产和生活已经达到或者更为优于城市居民的水平。在马克思讲的城乡对立和城乡差别的问题中，城乡对立在我国已经消除，城乡差别依然存在，特别是生产方式的差别可能会长久存在，但生活方式的差别则必将大大缩小。现在欧、美、日等国农民生活水平并不低于城市，日本农民一般不愿意转化为市民。近闻浙江、广东也有"非转农"的要求，这在目前我国可能是极少的现象。但可以看出，农业生产现代化、农村生活方式城市化以后，人的观念会有所变化。

总体来看，为发挥城市的集聚效应，促进城市经济、文化、科学技术大幅度提升，使城市能容纳更多的农民进城，并以更多的资金、技术和人力支援农业，加速农业现代化，我国农业人口比重近阶段应降低，但从长远一点看，低到一定程度，如接近欧美国家水平以后，可能会稳定下来，保持有20%～30%甚至30%～40%农村人口是合情合理的。重要的是农业生产要不断创新，农村生活要在城市化进程中不断提高，逐步提高到城市的水平，城乡共同富裕，才能保持城市化的强大生命力，这应该是中国城市化的重要发展战略，也是中国特色的城市化的重要方向。

我国大都市地区的一些特点和任务*
——做好规划　整合区域

会议题目英文用 mega city 含义明确，但中文用"大城市带"来表述一些大的城市地区不太准确，不如国外已通用的"大都市地区"（metropolitan area）。在我国，大家比较一致都认同京津唐、长三角、珠三角为三大都市区，但也有一个如何准确表述的问题，建议定名为"高城市化、高密集、连绵网络状大都市地区"（high urbanization、high density、continuously network & metropolitan region），可简称大都市地区。从目前看，这种地区应当认为是城市化发展的最高形式（聚落→城镇→大城市→城市群→大都市地区），国外公认的世界级的大都市地区可能有6~7个（美国东部纽约地区、中部芝加哥地区、西部加州旧金山地区、日本东京地区、阪神地区、欧洲莱茵河口地区）。中国三大都市区都有资格列入世界大都市地区，这三个都市地区的人口规模及其密集程度都很高（只有荷兰兰斯达德地区可与苏南地区相当）。实际上我国还会有几个次一级的都市地区（图1）。

大都市区的边界影响范围是动态的，我国三大都市区的人口规模，前几年讲，长三角为7000多万，京津唐及珠三角均为4000多万。现长三角（包括浙江、苏北）面积9.96万平方公里，人口8300万人；珠三角面积（按小范围计算）4.17万平方公里，人口4000万人（未计打工人群1000多万，如再按9+2泛珠江三角洲计算，那就大多了）；京津唐如扩大到河北部分，面积为18.34万平方公里，人口为7150万。以上每个大都市区都有几十个设市城市和几百个建制镇。

要具备世界大都市地区称号，我认为必要条件是：

1. 人口规模一般至少应2000万~3000万人以上；
2. 经济规模达相当数量，具有较强的向外辐射和吸引地区外的作用；
3. 地区内部的经济社会联系密切，人流、物流、信息流密度较高，一般交往时间在一天内可以来回；
4. 城市影响力往往还超越国界。

---

* 本文是在南通大都市带国际论坛上的讲话，2004年。

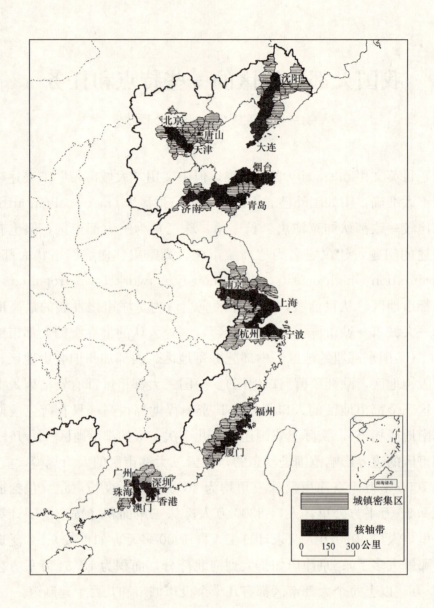

图 1　中国沿海城镇密集区与城镇带分布

注：该图由北京大学周一星教授提供。

按以上原则考虑，现在有些所谓的大都市地区，如渤海湾地区、中部城市地区、西部大都市区等等，城市群之间关系疏松，是名实不符的。

国内三大都市地区，符合条件，但发育程度不同（图 2～图 5）。

长三角发育最早，城镇密集，上海及苏锡常、宁镇扬、杭嘉湖等百万人口以上大城市连绵，而且水陆交通网已把城镇密切联系在一起；珠三角则城镇不仅密

第一部分/我国大都市地区的一些特点和任务　**39**

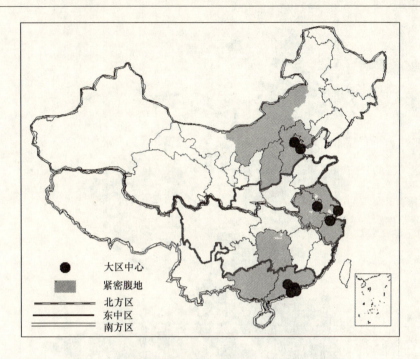

图2　中国三大都市地区示意

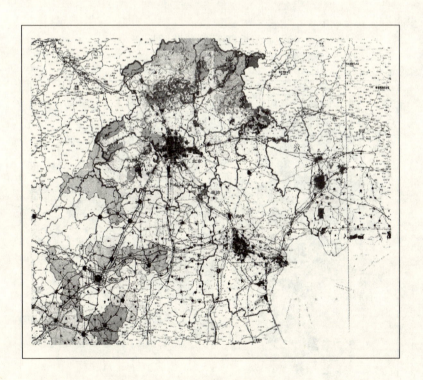

图3　大北京地形

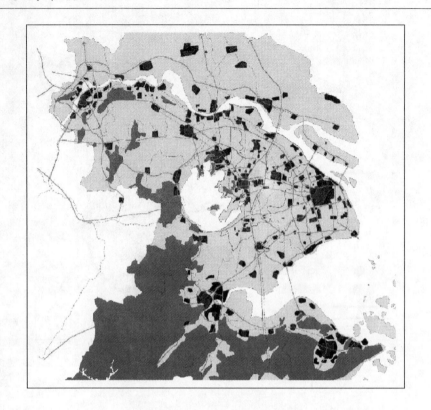

图 4　长江三角洲城镇形态

图 5　珠江三角洲核心区规划

布,而且大部分已挨在一起连接成网络状。晚上从航班上看得最清楚,灯光显示,城市与城市,除了中心绿地已没有间隙。城镇密集到一定程度后,带来了城市化的新特点,如同粒子物理学里,各种粒子相距近到一定程度后,相互影响,由原来的"弱相互作用"跃进到"强相互作用";又像系统学原理,系统组织到一定程度后,就会产生 1+1>2 的效应。苏州和海南相比,都是 600 多万人,但海南土地面积比苏州大 3 倍,地广人稀,而苏州经济总量多年以前比海南要大 3 倍,现在恐怕差距更大一些(图 6)。

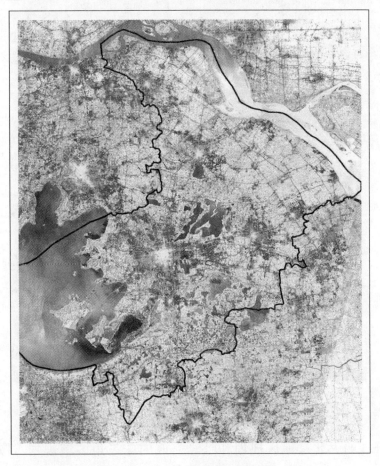

图 6 苏州城镇建设用地

高城市化、高密集后,产生的新特点有:

1. 打破了城镇大而全的必要,人们可住 A 地,工作在 B 地,上学在 C 地,选择性大了;
2. 有利于服务业,特别是高档服务业的运作;
3. 便于集中配置基础设施,如公交、燃气、给水、废水及废物处理;
4. 减轻、疏解大城市负担,人口和环境布局走向合理;

5. 形成有特色的专业城市分工，如专门的旅游、教育、某一种制造业等，所以，一个城市群，搞好了可取得巨大的多方面的效益（图7、图8）。

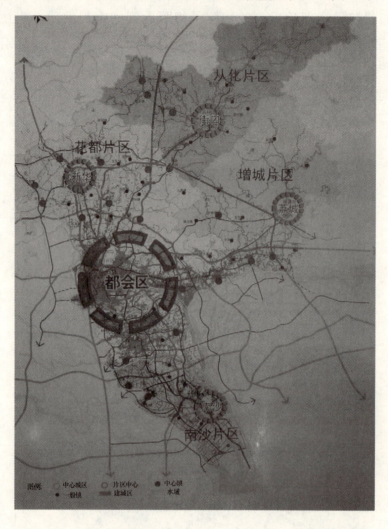

图7　广州规划（一）

从已经开展的大北京地区规划和已经完成的珠三角区域规划（图9~图14），都可以看出通过规划，区域整合的成效。北京市规划改变了"摊大饼"的局面，保护了西北部生态区域，城市往东南方向发展，规划建3个百万人口左右的新城。城市1800万人口有了合理分布，区域交通、城市交通设施都理出了头绪。珠三角区域规划，在港粤经济发展基础上，进一步走向东西南北地区经济分工合作的布局。新广州机场北移90公里，至南沙地铁线建设，带动了南北向的新发展，形成了港、深、穗发展轴（发展脊），再组织区域交通网，形成几纵几横，为CEPA准备了条件，如进一步形成9+2的整体格局，十分有利于下一步的发展。

图 8 广州规划（二）

图 9 北京规划（一）

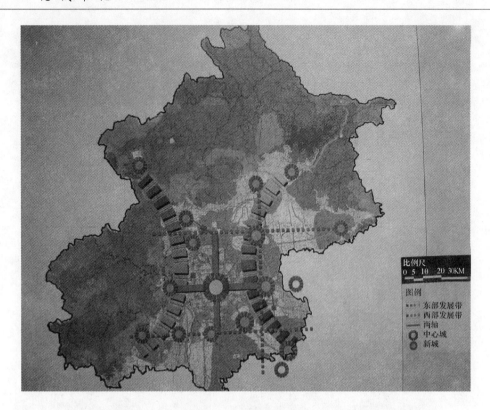

图 10　北京规划（二）

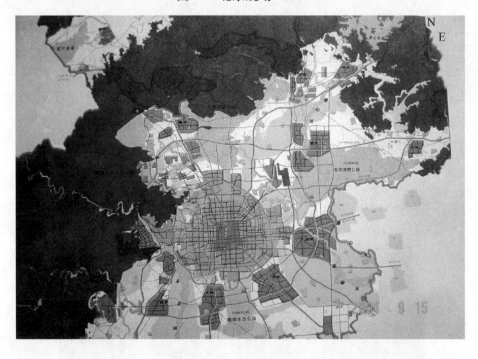

图 11　北京规划（三）

第一部分/我国大都市地区的一些特点和任务

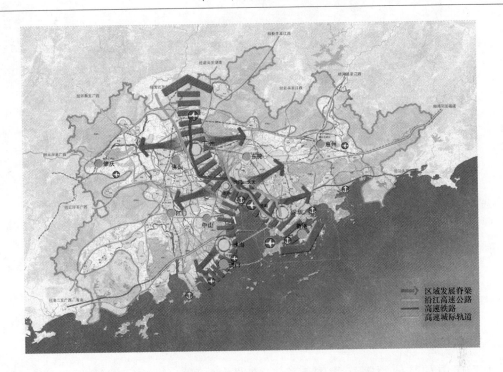

图12 珠江三角洲城市群规划（一）

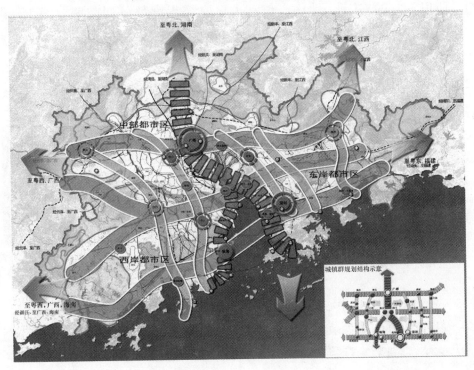

图13 珠江三角洲城市群规划（二）

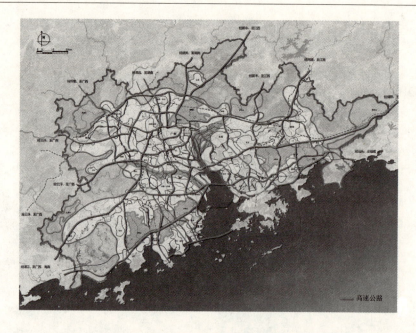

图 14 珠江三角洲城市群规划（三）

由于历史和其他原因，我国三个三角洲中，珠三角的区域协调和整合程度是较高的，所以，它的 GDP、地均产值和人民富裕程度都可列前茅（图 15、图 16，一个几年前的老材料）。据最近资料，这几年私家汽车增长最快、最多的除北京以外，就是深圳和东莞。而北京虽有最好的政治条件、最强的科研队伍、最雄厚的经济基础，但区域的统筹整合尚不发达，许多潜在优势尚未发挥出来。

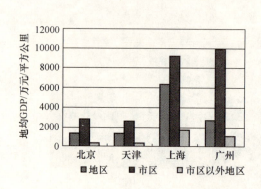

图 15 三大城市群地区中心城市及周边地均 GDP 关系

注：摘自《京津冀地区城乡空间发展规划研究》第 61 页。

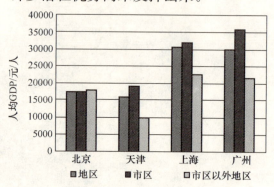

图 16 三大城市群地区中心城市及周边人均 GDP 关系

注：摘自《京津冀地区城乡空间发展规划研究》第 61 页。

城市群和大都市区的根本特点是城镇不再以独立的个体存在，而是相互依存，互为条件，必须顾及左邻右舍，才能有序地生存和发展；而且如果经过协调整合，经过系统组织,按系统工程学的规律,还会产生新的效益。但如果没有协调整合,没有系统组合,则不仅发挥不了优势,反而会出现许多问题,如各自为政、壁垒森严、低水平重复、内耗浪费,以至恶性竞争、以邻为壑等等。

我看可以得出这样的结论:城市化进程中的大都市地区要有大发展、大效益、大跨越,就必须要有相当的协调整合,即规划的协调整合和地区的协调整合。所以,做好规划、整合地区当为正在形成和已经形成的大都市地区的当务之急。

城市化和房地产业*

为了准确表达房地产业和城市的关系，先讲城市后讲房地产业，而且着重讲城市化，不只是讲城市建设；讲房地产业，而不只是讲房地产市场。

城市化发展是当今经济社会发展的带有根本性的大趋势和大目标。我国城市化早在工业化开始就出现了；而房地产业的发展是在20世纪80年代，是我国体制改革走向市场经济的最后一大步，主要是为了加快解决城市中的住房紧张问题。如果没有城市化也就没有房地产业；也只有城市化健康发展，才有房地产业的健康发展。前一段，有少数人夸大房地产业的作用，认为房地产业是"造城运动的主人"、"房地产业要起半个政府的作用"。这种说法显然是不对的。

先讲第一部分，关于我国的城市化问题。

城市化是指人口向城市集聚的过程。它是工业化的伴生物，是经济社会发展的综合结果。现代意义上的中国城市化，应该是从新中国成立后开始的。解放初城市人口只有1000多万，现在已达5亿。

目前全国共设有660个城市，2万多个建制镇，城镇化（同城市化）率为40%。大体上每年增长一个百分点，预计2020年将达50%~55%，2050年将可能达到60%~70%（图1）。城市不会永远不断地扩大增长。城市化发达到一定程度会稳定发展，还会出现"逆城市化"现象；盖房子也不会永远增长，许多发达国家，现在新盖房子已经少下来了。

随着经济迅速增长，中国城市化率近10多年由20%多增至40%，走过了英、美等国百年以上的历程，而且至今增长势头不减，有的学者判断今后还有一个加速增长的可能。

主要动因：一是农村人口大量流入城市，包括进城打工，就有1.4亿，甚至可能有2亿。二是城市建设保持大量投入。

连续多年，大、中、小城市都有巨额城市建设投入，2004年，当年GDP总额13万亿多元，而城市建设总投入，据建设部统计有7万亿多元。目前北京、上海、

---

* 本文为2005年9月在中国城市规划年会、上海期货市场国际论坛上的讲话。

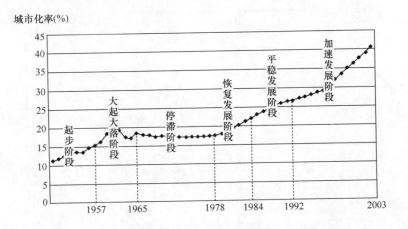

图1 中国城市化增长曲线及阶段划分

注：引自中国工程院《我国城市化进程中的可持续发展战略研究综合报告》。

广州等每年城市建设总投入都以千亿元计，省会城市都以百亿元计，中小城市也都有几十亿元。因此，带来波澜壮阔的全国城市普遍的大发展，从原来一些发展较慢的边缘落后城市，如黑龙江省的密山市和伊春市，都有了巨大变化可见一斑。

我国城市化发展对国外影响极大。诺贝尔经济学奖得主斯蒂格利茨（Joseph Stiglits）提出中国的城市化和美国的高科技是21世纪世界两件大事。

我国城市化发展，还带来大城市的增长，百万人口以上大城市是世界最多的。

现已出现了都市密集地区。所谓都市密集区，尚无定义，一般看来，有长三角、珠三角、京津冀、漳厦泉、山东半岛、辽中及辽河下游等6个较大的都市区和大武汉、西（安）咸（阳）、中原（郑州）、长株潭、成渝6个较小的都市区（图2）。

城市化发展快了，同时也出现了粗放经营、关系失调等新问题。前一段出现了工程质量事故、城市拆迁安置和农民工待遇问题，最近能源紧缺、水源紧张、自然灾害、传染病害等又不断呈现。人们必须总结经验，许多方面应改进，特别是要改变或改进增长模式，探讨更加科学合理的发展道路。

关于当前城市化发展的主要问题，已有不少研究报告。我认为最主要的是"四个透支"和"三个失衡"，即：土地资源透支、环境资源透支、能源透支、水资源透支；"失衡"表现在：城市内贫富差距扩大、城乡经济差距拉大、沿海和内地差距增大。

1. 土地资源透支。粗放用地、囤积土地、盲目圈地等现象突出。2004年统计全国城市建成区总用地面积约3万多平方公里；但各类开发区达6866个，规划用地要3.75万平方公里。后撤销了4000多个（70%），仍占有上万平方公里土地，

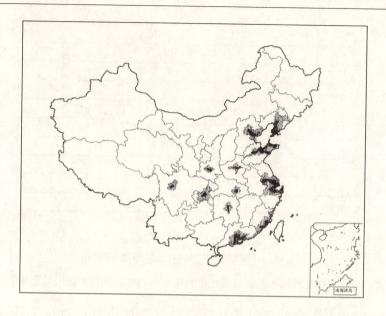

图 2　中国正在发展的 12 个大都市区

（总人口在 1000 万以上的城市地区）

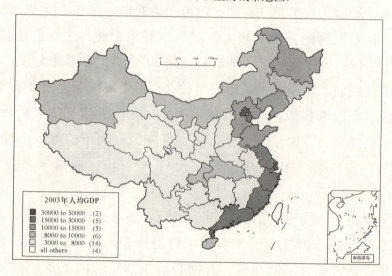

图 3　全国各地区经济发展水平比较

注：引自陆大道院士《关于我国区域发展和城市化问题》报告。

北京市清理后，尚有占而未用土地 144 平方公里，按建设用量 10 年也用不完。"土地是财富之父，劳动是财富之母"，国家规定土地是不允许囤积的，储备土地是国家的事。

2. 环境资源透支。在发达国家不同发展阶段出现的生态环境问题，主要是先开发利用，后保护治理。在我国近 20 年中集中爆发出来。

1) 大气污染严重。有约 60% 的城市空气质量劣于二级标准，酸雨区约占全国面积的 30%。最近，还出现了日趋严重的大气灰霾现象，以北京、广州最为严重。其原因是飘尘和雾气结合起来，加快了呼吸道及疾病病菌传播（图 4）。

图 4　北京城市上空的大气灰霾

注：照片引自中国工程院《我国城市化进程中的可持续发展战略研究综合报告》。

2) 水体污染，仍然得不到改进。水质污染还由地表渗入地下。

3) 固体废弃物增长迅速。近 2/3 的城市陷入垃圾包围之中，特别是有毒有害污染物，涉及微观生态链，令人忧虑。北京卫星图片上可见的就有 6000 堆。

3. 能源消耗增长过快，而利用效率低下，已成为发展瓶颈。耗能情况与经济发展不相称，主要指标比国外大好几倍。特别要指出，建筑运行耗能要占总耗能的 25%。北京大型公共建筑的总耗能超过了住宅建筑。

4. 水资源短缺，城市面临水危机。有 300 多个城市缺水，100 多个城市严重缺水。一方面缺水，一方面浪费水，自来水管网漏水率高，单位产品和生活用水量也比国外高。

和城市建设、房地产开发关系最大的还是土地资源的保护利用问题，以及由占用土地带来的和农民的关系问题。我认为必须珍惜每一分土地，必须考虑农民为城市化已经作出的巨大贡献，农民在城市化过程中应同样得到好处，更不能在土地转换中"低进高出"剥夺农民。

有人总结历史，由于"三把剪刀、一条鸿沟"，农民已作出巨大牺牲。"三把剪刀"，一是历史上就存在的工农业产品价格的剪刀差，为工业化初期积累了资金；二是劳动力价格的剪刀差，直接为城市服务，是迅速城市化的基本力量；三是土地转换的剪刀差，根本彻底地贡献给城市。难道不是有了这几条才达到今天的城市化？不能再剥夺农民，而要反哺农民，这是完全应该的。还有"一条鸿沟"，就是城乡二元结构，限制农民进入城市，这也是应该逐步改变的。

我国经济和城市化发展存在的问题和发展趋势，不少学者已有很多总结研究，提出种种建议意见。比较集中的还是要改变一些观念和模式。用科学发展观，发展节约经济、和谐社会，注重五个统筹（统筹城乡发展、统筹区域发展、统筹经济社会发展、统筹人与自然和谐发展、统筹国内发展和对外开放）；改变粗放式增长，改变无视社会和生态成本，不惜代价，不考虑社会公平和长远稳定的不可持续发展的一些模式。

看来，对城市化的进一步发展，目前学界比较一致的认识有：

1. 城市化还有一个发展较快的历史阶段；
2. 城市化速度不宜过快，每年增长 0.8～1 个百分点较为适当；
3. 各地有所不同，不搞指标化，不互相攀比；
4. 大、中、小城市都会有所发展，某些地区大城市可能增长多一些；
5. 城市化同时要提高农村生活水平，并保持一定的农业人口比例；
6. 重视城市化的质量水平，完善、提高城市的设施水平；
7. 注重城市的文化内涵，保持和发扬城市特色。

总的一句话，就是走有中国自己特色的城市化道路。

下面讲第二部分，关于我国的房地产业问题。

城市本身就是人类的一种集约、高效和经济的生活方式。正由于城市这一平台，为房地产开发（作为科学建设城市房屋的一个中间环节）提供了活动空间。

在中华人民共和国，房地产业可以说是从无到有，在最近 20 多年发展起来的（解放以前有房地产业，特别在上海曾有相当发展；但解放后取消了房地产市场，房地产业仅是"收租养房"的小行业）。随着城市化的发展，20 年来房地产业取得了惊人的迅速发展，至今已经成为国家的一个支柱产业。

这一新兴的产业为经济发展作出了贡献：

1. 为解决城市居住紧张作出了贡献。城市住房问题一直是国家、人民关心的大问题，20 多年来，城市每年要建几亿到 10 亿平方米新住宅，2003 年统计，由开发企业承担的开发量约为 2.2 亿平方米，投资额约 1.01 万亿元，全国人均居住建筑面积也由不到 10 平方米，跃升到 24 平方米。
2. 拉动了经济，至少有 40 多个相关行业，如建材、轻工、制造业等受益。
3. 解决了一批就业问题，至 2003 年已有 37123 个房地产企业（有 460 个一级企业，承担着大型开发项目）。

4. 对 GDP 的贡献,由占 GDP 总量的 1%～2%发展到 2003 年占 GDP 总量的 9%～10%,现可能大大超过此数,已超过一些发达国家。

按照发展房地产业的初衷,1980 年代中,我在《发展我国房地产业的一些基本认识》中讲到:"按照有计划的商品经济的规律,就要把房地产这一基本的生产要素和巨量的物质财富投入商品经济的循环运行中去,发挥它们在完善市场机制、实现生产要素的优化配置、推动相关产业的发展、调节社会消费结构以及为城市财政开辟稳定资金来源等方面的积极作用"。还有,"要形成房地产业,必须以房屋和土地(使用权)作为商品,具备了房屋商品化、住房制度改革和土地有偿使用三个政策基础;按照价值规律,通过房地产的生产、通流、消费三大环节;包括五个方面的主要活动,即综合开发、房地产金融、房地产交易、房地产管理和房屋的维修服务;实现资金循环、增值,使其在城市建设中起主导作用,在国家的整个经济活动中占有一定的地位;同时建立一套相应的管理体制,具有较完整的法规体系、实力雄厚的企业群体和专业化的管理队伍。从整体上具备了以上条件,达到相当的局面,才可以说形成了较完整的房地产业"。我想现在这一目标可以说已经完成和超额完成了。

说"超额"二字,是说发展很快,快了也会带来问题。房地产市场是否过热?是否已有经济泡沫或泡沫经济现象?这一问题业内已争论一段时间了。但和"城市化"发展过快一样,确有一些重大问题存在,是不可否认的:

1. 房价上涨过快。商品房和商品住宅 2004 年分别上涨 14.4%和 15.2%,今年一季度比去年同期又分别上涨 12.5%和 13.5%。价格背离了价值。国家出台平抑房价政策后,目前还是"稳中有涨"。(据说由于有需求,包括改善性需求、拆迁引起的被动性需求,还有投机性需求,加上投资性需求,就要涨价。)

2. 国家的土地流失过多,房地产企业搞土地储备。房价上涨,主要是地价上涨。

3. 部分房地产企业特别是大企业,有暴利现象。最近房地产市场温度比较适中的福州市物价局统计,房地产业的平均成本利润率为 60%(另外还有资本利润率、销售利润率)。"热度高"的城市仍有土地征购投入每亩只有 16 万元,但转变为城市用地后,即升值为 800 万元,扣除政府所得,利润率远非其他产业可比。

4. 开发投入的结构性失调,总投入过大,既有供不应求,又有闲置房。高档住房过多,中低档住房生产不足。今年许多城市所谓"经济适用房"都是大户型,每套竟在 140 平方米甚至 180 平方米左右,占新建房的 80%。

5. 职能越位,干预了规划决策,成为左右项目的决定性因素。

房地产市场过热现象是客观存在的，泡沫现象也是客观存在的，问题是严重到什么程度，我们应如何对待。

什么是泡沫，从理论上就有不同的解释。有一种诠释，可能比较确切，即："虚拟资本过度增长与相关交易持续膨胀，日益脱离实际的资本的增长和实业部门的成长，金融证券、地产价格飞涨，投机交易极为活跃的经济现象"。所以，冷静客观地分析，房地产泡沫已接近形成，可能因为中国的市场太大，各地又有不同情况（全国不是一个市场），吸纳的空间和容量都比较大，因此泡沫不会很快破裂，但值得警惕，防止其不断膨胀。

正因为有过热和泡沫的危机，近两年来，国家提出了一系列宏观调控和引导房地产企业发展的措施。

温家宝总理在十届人大三次会议《政府工作报告》中指出："要抑制房价过快上涨势头"，将此作为宏观调控的一项重要任务。今年3月27日国务院办公厅下发了《关于切实稳定住房价格的通知》（国办发［2005］8号），对房价上涨过快问题，提出了八项措施。

接着，国务院第88次常务会议听取了建设部汇报，检查"国八条"贯彻落实情况。

5月9日建设部、发改委等七部委发出《关于做好稳定住房价格工作的意见》（国发办［2005］26号），又提出了8条，包括：①强化城市规划调控，改善住房供应结构；②加大土地供应调控力度，严格土地管理；③调整住房转让环节营业税政策，严格税收征管；④加强房地产信贷管理，防范金融风险；⑤加强经济适用房建设，完善廉租住房制度；⑥对中小型普通住房给予优惠政策；⑦整顿和规范市场秩序，查处违法违规销售；⑧加强市场监测，完善市场信息披露制度。

在短时间内，国务院为房价问题作这么多的具体部署是很少见的。5月份以来各地房地产市场运行基本平稳，收到积极效果。最近，少数几个城市，可能有些反弹。我认为这是市场惯性，难免有起落，但大的方向趋势已明确，主流应该是没有疑问的。

很明显，国家宏观调控，首先从土地和金融两方面着手。即：采取最严格的土地管理制度和控制银行的房地产信贷。

宏观调控一开始，就引起了开发企业的很大震动，在北京有所谓"房地产业大限已到"的说法。说"大限"是不对的，因为仅仅对企业有点限制，并没有"枪毙"。房地产市场还有很大的发展空间。

1. 城市化还要进一步发展，为满足居住水平普遍提高，以及新增人口和新生人口需要，每年仍有几亿平方米的住房要建。

2. 至今房地产开发仅活跃在大中城市，中、小城市和乡镇的市场尚未开拓。

3. 城市整治房屋质量提高、开辟地下空间等业务尚处于萌芽阶段。

房地产市场仍是一个很大的、前景可为的市场。重要的问题是改进企业机制，适应市场需求，走健康发展、造福于人、精明增长的道路。

目前重要的工作应该是：

1. 开发的规模、速度要降下来，不搞表面的虚假的市场繁荣。

2. 暴利要降下来，要抑制投机炒房，制止囤积土地。

3. 普通住房的房价要稳中有降，房地产业持久的市场还是普通住宅市场。不能说"房地产仅是为富人服务，建经济适用房是政府的事"。

4. 产品结构要改过来，户型不应比发达国家还大，脱离了社会生活的实际需要。

5. 必须按规划开发，尊重规划的全局性（规划法有专门一章讲开发必须符合规划）。

6. 造福人民，反哺农民，一个行业脱离了最大多数人民的支持是持久不了的。

7. 保持和维护金融的稳定，做有利于金融全局的事。

总之，房地产业应和城市化发展一样，按照中央的正确决策，讲科学，讲和谐，讲统筹协调，利国利民（企图图利不可免，唯利是图不可取），走可持续发展之路。

城市规划有一个法则，也可用于房地产业，即"相天法地，辨方正位"。前一句指了解大局，融合周围环境，后一句指摆正自己的位置，把握好方向。

房地产业和城市建设事业是相辅相成的，是同处一条船上的不同的岗位，又和众多的产业和全国经济社会同处一条大船之上。大家一定要从全局出发，恪尽己职，才能顺利抵达彼岸。但现在事情有些颠倒，房地产业处于强势，城市处于弱势，应该颠倒过来。因为具有科学规律的城市作为一个大平台，必须要有一个统一规划。"规划是龙头"，城市规划仍面临一个繁荣的春天，房地产业已有人发出了"冬天来了，春天还会远吗"的呼声，理性正在抬头。我们应贯彻好十六届五中全会精神，努力做好工作，争取取得更大的丰收。

探索中国特色的城市化之路

一、建国以来的城市化

城市化虽然由于多种因素，各国各地不同，但都是可以大体预测的。1990年代初我国不少学者，在当时城市化水平为20%时，预测到1990年代末将达30%，后来又预测到21世纪初，将达40%以上，大城市也将由20多个增至30多个，现在看来相差不远（表1）。

1949年以来我国城镇化数据　　　　　表1

年　份	总人口（万人）	市镇总人口（万人）	城市化水平（％）	增减（百分点）
2008	132750	60667	45.70	+0.76
2007	132129	59379	44.94	+1.04
2006	131448	57706	43.90	+0.91
2005	130755	56212	42.99	+1.23
2004	127038	—	41.76	+1.23
2003	—	—	40.53	+1.43
2002	—	—	39.1	+1.4
2001	127490	48064	37.7	+1.61
2000	126583	45594	36.09	+5.2
1999	125909	38892	30.89	+0.75
1998	124810	37942	30.04	+0.12
1997	123626	36989	29.92	+0.55
1996	122389	35950	29.37	+0.33
1995	121121	35174	29.04	+0.42
1994	119850	34301	28.62	+0.5
1993	118617	33351	28.12	+0.49

* 本文原载《国际城市规划》，2009年第21期。

续表

年份	总人口（万人）	市镇总人口（万人）	城市化水平（％）	增减（百分点）
1992	117171	32372	27.63	+1.26
1991	115823	30543	26.37	−0.04
1990	114333	30191	26.41	+0.2
1989	112704	29540	26.21	+0.4
1988	111026	28661	25.81	+0.49
1987	109300	27674	25.32	+0.8
1986	107507	26366	24.52	+0.81
1985	105851	25094	23.71	+0.7
1984	104357	24017	23.01	+1.39
1983	103008	22274	21.62	+0.49
1982	101654	21480	21.13	+0.97
1981	100072	20171	20.16	+0.78
1980	98750	19140	19.38	+0.42
1979	97542	18495.0	18.96	+1.04
1978	96259	17245.0	17.92	+0.37
1977	94974	16669.0	17.55	+0.11
1976	93717	16341.0	17.44	+0.10
1975	92420	16030.0	17.34	+0.18
1974	90859	15595.0	17.16	−0.04
1973	89211	15345.0	17.20	+0.07
1972	87177	14935.0	17.13	−0.13
1971	85229	14711.0	17.26	−0.12
1970	82992	14424.0	17.38	−0.12
1969	80671	14117.0	17.50	−0.12
1968	78534	13838.0	17.62	−0.12
1967	76368	13548.0	17.74	−0.12
1966	74542	13313.0	17.86	−0.12
1965	72538	13045.0	17.98	−0.39
1964	70499	12950.0	18.37	+1.53
1963	69172	11646.0	16.84	−0.49
1962	67295	11659.0	17.33	−0.46
1961	65859	12707.0	19.29	−0.46
1960	66207	13073.0	19.75	+1.36
1959	67207	12371.0	18.41	+1.16
1958	65994	10721.0	16.25	+0.86

续表

年　份	总人口（万人）	市镇总人口（万人）	城市化水平（%）	增减（百分点）
1957	64653	9949.0	15.39	+0.77
1956	62828	9185.0	14.62	+1.14
1955	61465	8285.0	13.48	−0.21
1954	60266	8249.0	13.69	+0.38
1953	58796	7826.0	13.31	+0.82
1952	57482	7163.0	12.46	+0.68
1951	56300	6632.0	11.78	+0.6
1950	55196	6169.0	11.18	+0.54
1949	54167	5765.0	10.64	—

注：本表各年人口数不包括香港、澳门特别行政区和台湾省的人口数据。1982年以前数据为户籍统计数，1982~1989年数据根据1990年人口普查数据有所调整，1990~2000年数据根据2000年人口普查数据进行了调整，2001~2004、2006、2007年数据为人口变动情况抽样推算数，2005年数据根据全国1%人口抽样调查数据推算，2008年数据来源于当年统计公报。

二、我国城市化的曲折历程

新中国的社会经济、科学技术历来都注意学习参考先进国家的经验，同时又讲求结合国情，走具有自己特色的道路。改革开放以前，城市规划主要是配合工业发展，主要方针是勤俭建国，先生产、后生活以及走"大庆道路"，"工农结合，城乡结合，有利生产，方便生活"。后来学术界步步深入，城市化提上了议程，至今几乎成了举国上下都关心的一件大事。实际上城市化也突飞猛进。近30年来，我国城市人口由百分之十几，提高到近50%。而且一开始就注意到这一普遍规律要和国情结合，要走中国式的城市化道路。可以讲，不断有所研究，不断有所实践，对这一命题的认识逐渐逐渐地加深。

60年来，我国城市化所发生的变化，可以说是亘古未有、举世无双。而所有新老城市的变化可能有优有劣，但都有序有度，都经过规划设计。这些城市发展的巨大成就，可以概括为五大方面：

1. 城市增长。由150多个城市，城市人口占12%左右，达到了当今的665个城市，47%的城市化率，完成了一些发达国家100~200年的历程。而且城市生活状况、城市社会经济水平基本协调，可持续发展。

2. 城市住房得到很大发展。从城市人口几千万人，人均住房面积4平方米多，增长到城市人口6亿多人，人均住房面积28平方米。尽管住房的分配使用不均衡，但人均状况总体已脱离了贫困无房的状况。

3. 城市基础设施和生活环境具备了相当基础。城市供水、排水、供电、供气、道路、交通、绿化、通信等服务设施，已经具备了现代化城市的基础，只是未完全普及，标准尚不高。

4. 城市面貌根本变化。包括中小城市都有一番新的面貌。所有县城都有像样的街道、房屋，通常都说隔一段时间不来，就又有变化。历史文化遗产也受到一定重视。

5. 培养了一支庞大的队伍，取得了自己的经验。从无人做规划到规划、设计、管理、研究机构人员基本齐全；人才使用已从"卖方市场"转化为"买方市场"，已不必请外国专家，而是能为人所不能为。

在重视和迅速城市化的阶段，实际工作中也产生过另外一些误区偏差，诸如：

1. 以为只要加快城市化就会带来经济发展，过分强调了城市化对拉动经济的作用。其实，只有经济社会发展了，城市经济的规模增长了，就业面扩大了，生活水平提高了，才能容纳更多的新增城镇人口，刺激产业和各种社会事业的发展。

2. 城市化率成为每个市、县（区）的发展指标并相互攀比。事实上，城市化率作为一项宏观性指标，既不宜在小范围内应用从而助长浮躁盲动，也不宜在省、自治区、直辖市间作为硬指标攀比。

3. 城市化率并非越高越好。拉美、亚洲有些发展中国家存在着"虚胀"城市化的现象，即：大量贫穷的农村人口盲目流入大城市，虽然造成很高的城市化率，但国家的经济水平仍然较低，而且加剧了城市中的社会问题。从国际情况看如此，国内也是如此。以西北地区6个省区为例，据统计，内蒙古、新疆的城市化水平高出陕西、甘肃10多个百分点，但以经济社会发展水平而论，顺序就不同了。内蒙古额济纳旗的城市化率高达87.5%（由于可牧地丧失，牧民只能进城谋生），却是经济落后的"城市化"。

4. 要防止在"推进城市化"的名义下，大规模圈地，脱离实际地搞大开发区、大市中心、大广场、大金融贸易区、大公共活动中心等，造成巨大浪费。

5. 城市并非越大越好，大、中、小城市应当并举，在特定地区发展一些大城市、特大城市以至大城市地区，是符合我国国情的。但不可能所有大城市都要翻番往特大城市以至超大城市方向发展。许多"做大"城市的设想，都没有考虑到城市做大后带来的社会问题、环境问题、交通问题等等。

6. 农村不能任其衰落，不能因城市化而忽视了农业和农村的现代化建设和发展。农村生活达到城市水平、城乡差别缩小，也是城市化的重要内容。

看来，努力探索中国式的城市化道路，对于我国正在发生的、高速的城市化过程，还应冷静思考，切忌主观浮躁。要采取正确的方针政策，消除各种各样不合理的壁垒和障碍，引导城市化走向健康、合理、科学的方向。

三、什么是中国特色的城市化

中国特色的城市化究竟应该怎样？有哪些特点？我认为有以下四点，城乡统筹、快慢适度、结构多样、有利环保和生态。

1. 城乡统筹。从现实和发展看，中国不同于一般工业化国家，城市化不可能以农民进城和排除农业为主，必须要保留相当一部分农业和农民。

1) 十几亿人口的大国，必须自己解决吃饭问题，必须有一部分人从事农业生产，过农民日子；2) 从历史文化条件看，也必须保留一部分人生活在农村，而不是消灭农村；3) 从人居需求来说，也需要一部分兼具城乡优点的新农村和新农民；4) 从保增长来说，也不可能消灭农村，需要利用资源、设施逐步过渡；5) 出于保稳定的需要，户籍制度难以很快取消。

中国的城市化率，应逐步提高，但应有一个合适比率。已有不少研究认为我们不必像欧、美一些高城市化率的国家，能达到和保持在70%左右较妥。我认为这一估计是符合实际的。

2. 快慢适度。城市化的速度和工业化、现代化的速度密切相关，但又不完全相同，由于城市背景因素和相关条件比较复杂，一般，农民进城要先于工业化，有一较长的历史过程，而城市停止增长要晚于工业化；国际间条件不同，实际速度也不同，一般"家大业大"跑得慢，"小家"，则变得快。快了易失稳。我国长期以来城市化增长率年均在1个百分点左右（其幅度显然不同于其他比例），不少学者主张，保持在年均1~1.2个百分点，我也认为是合适的。

3. 结构多样。城市大、小，地区组合，以及流域组合，资源组合，多种多样，而且受行政体制、历史渊源、政策思想等影响，城市群组结构的疏密、大小等等必然是多种多样的，而且历史形成的状况也各不相同，目前全国形成4个超大城市群、若干个基于历史的地区性城市群，基本合理，不可能像一个小地区那样变化多端（图1）。

4. 有利环保、改善生态。不少工业化先行国家，为城市迅速发展，往往以牺牲环境为代价，我国城市化起步晚，但与环境可持续发展的结合却并不晚（几乎

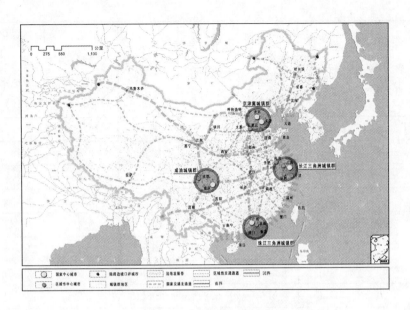

图1 四个超大城市群

在同一时期),而且在工业化政策上也抑制一些先污染后治理的做法。几十年来,城市化水平提高了,但总体上环境也有明显改善,城市绿化率、污水治理率、固体废物处理率都有较大提高(表2、表3)。最近还把节能减排提到重要高度,将碳排率及自然能源利用率作为新指标,也将对城市环保产生深远影响。

城市市政公用设施统计表(一)　　　　　　　　　　　　表2

指标 年份	用水普及率(%)	燃气普及率(%)	每万人拥有公共交通车辆(标台)	人均城市道路面积(m^2)	污水处理率(%)	园林绿化		
						人均公园绿地面积(m^2)	建成区绿地率(%)	建成区绿化覆盖率(%)
1981	53.7	11.6		1.81		1.5		
1982	56.7	12.6		1.96		1.65		
1983	52.5	12.3		1.88		1.71		
1984	49.5	13		1.84		1.62		
1985	45.1	13		1.72		1.57		
1986	51.3	15.2	2.5	3.05		1.84		16.90
1987	50.4	16.7	2.4	3.1		1.9		17.10
1988	47.6	16.5	2.2	3.1		1.76		17.00
1989	47.4	17.8	2.1	3.22		1.69		17.80
1990	48	19.1	2.2	3.13		1.78		19.20

续表

指标 年份	用水普及率（%）	燃气普及率（%）	每万人拥有公共交通车辆（标台）	人均城市道路面积（m²）	污水处理率（%）	园林绿化		
						人均公园绿地面积（m²）	建成区绿地率（%）	建成区绿化覆盖率（%）
1991	54.8	23.7	2.7	3.35	14.86	2.07		20.10
1992	56.2	26.3	3	3.59	17.29	2.13		21.00
1993	55.2	27.9	3	3.7	20.02	2.16		21.30
1994	56	30.4	3	3.84	17.10	2.29		22.10
1995	58.7	34.3	3.6	4.36	19.69	2.49		23.90
1996	60.7	38.2	3.8	4.96	23.62	2.76	19.05	24.43
1997	61.2	40	4.5	5.22	25.84	2.93	20.57	25.53
1998	61.9	41.8	4.6	5.51	29.56	3.22	21.81	26.56
1999	63.5	43.8	5	5.91	31.93	3.51	23.03	27.58
2000	63.9	45.4	5.3	6.13	34.25	3.69	23.67	28.15
2001	72.26	60.42	6.1	6.98	36.43	4.56	24.26	28.38
2002	77.85	67.17	6.73	7.87	39.97	5.36	25.8	29.75
2003	86.15	76.74	7.66	9.34	42.39	6.49	27.26	31.15
2004	88.85	81.53	8.41	10.34	45.67	7.39	27.72	31.66
2005	91.09	82.08	8.62	10.92	51.95	7.89	28.51	32.54
2006	86.07 (97.04)	79.11 (88.58)	9.05 (10.13)	11.04 (12.36)	55.67	8.3 (9.3)	30.92	35.11
2007	93.83	87.4	10.23	11.43	62.87	8.98	31.3	35.29
2008	95	89.6		11.93	65.3	9.76	31.6	

注：自2006年起，人均和普及率指标按城区人口计算，按照公安部门的户籍统计和暂住人口统计计算。括号中的数据为与往年同口径数据。

城市市政公用设施统计表（二） 表3

指标 年份	生活垃圾清运量（万吨）	垃圾无害化处理厂（场）数量（座）	无害化处理能力（吨/日）	垃圾无害化处理量（万吨）	粪便清运量（万吨）	公厕数量（座）	市容环卫专用车辆设备总数（台）	每万人拥有公厕（座）
1979	2508	12	1937		2156	54180	5316	
1980	3132	17	2107	215	1643	61927	6792	

续表

指标 年份	生活垃圾清运量（万吨）	垃圾无害化处理厂（场）数量（座）	无害化处理能力（吨/日）	垃圾无害化处理量（万吨）	粪便清运量（万吨）	公厕数量（座）	市容环卫专用车辆设备总数（台）	每万人拥有公厕（座）
1981	2606	30	3260	162	1547	54280	7917	3.77
1982	3125	27	2847	190	1689	56929	9570	3.99
1983	3452	28	3247	243	1641	62904	10836	3.95
1984	3757	24	1578	188	1538	64178	11633	3.57
1985	4477	14	2071	232	1748	68631	13103	3.28
1986	5009	23	2396	70	2710	82746	19832	3.61
1987	5398	23	2426	54	2422	88949	21418	3.54
1988	5751	29	3254	75	2353	92823	22793	3.14
1989	6292	37	4378	111	2603	96536	25076	3.09
1990	6767	66	7010	212	2385	96677	25658	2.97
1991	7636	169	29731	1239	2764	99972	27854	3.38
1992	8262	371	71502	2829	3002	95136	30026	3.09
1993	8791	499	124508	3945	3168	97653	32835	2.89
1994	9952	609	130832	4782	3395	96234	34398	2.69
1995	10671	932	183732	6014	3066	113461	39218	3.00
1996	10825	574	155826	5568	2931	109570	40256	3.02
1997	10982	635	180081	6292	2845	108812	41538	2.95
1998	11302	655	201281	6783	2915	107947	42975	2.89
1999	11415	696	237393	7232	2844	107064	44238	2.85
2000	11819	660	210175	7255	2829	106471	44846	2.74
2001	13470	741	224736	7840	2990	107656	50467	3.01
2002	13650	651	215511	7404	3160	110836	52752	3.15
2003	14857	575	219607	7545	3475	107949	56068	3.18
2004	15509	559	238519	8089	3576	109629	60238	3.21
2005	15577	471	256312	8051	3805	114917	64205	3.20
2006	14841	419	258048	7873	2131	107331	66020	2.88(3.22)
2007	15215	458	279309	9438	2506	112604	71609	3.04
2008	17215			11038				

由于中国特色的城市化问题提出时间还不长，经验还不足。我们应清醒地看到，城市这一人类的"超复杂的巨系统"还要进一步发展，尚在发展中的城市化还会有新的问题，需要有新的探索和新的经验。

"城市化"和"城市病"

——接受《21世纪经济报道》采访

改革开放前,我国对城市化曾长期抑制,不作为发展方向;伴随着改革开放30年来的高速经济增长,中国城市化率不断提高,城市规模也在不断变大,传说中的"城市病"也如期而至。这些问题是如何形成的?有没有办法解决这些问题?记者就此采访了两院院士周干峙。

虽然是以学者身份接受采访,但前建设部领导的经历显然使周干峙的思考超越了具体问题层面。他反思了近年来各地盲目鼓吹快速城市化的现象,认为这是本被念歪了的"经"。对于城市和城市化过程诸多问题的解决,他反复强调,难处并不在于是否有解决办法,而在于对问题的认识、在于专家的正确意见是否能够得以表达,并被采纳。

盲目鼓吹快速城市化是念歪了"经"

记者: 随着经济的发展,我们国家的城市也在迅速增多、变大,城市化率接近50%,但现在一些城市已经开始为人口增长、交通拥堵、房价高昂、基础设施不堪重负所困扰,我们是否应该回头检视一下中国的城市化问题?

周干峙: 我认为城市化根本不是新问题。改革开放初期,我国少数经济地理学者和城市规划学者根据国外的资料,就看出了城市化问题的重要性以及城市化趋势的必然性。

本来城市化是工业化的伴生物:工业化刚开始时速度慢,工业化发展时期会很快,进入后工业化时期又会变得比较慢,发展到一定程度就会停止,甚至有"逆城市化"现象。从国外的经验看,城市化率也不是越高越好,许多发展中国家、非洲国家的城市化率就很高。

今天,我们对城市化的追求缺乏理性。考核政绩,往往将城市化率作为一个指标,追求高城市化率成为潮流,连县域都讲县域的城市化。这是一本念歪了的经,是一些地方领导追求政绩的结果,意义不大。

记者：相当长一段时间里，国内比较倾向于走小城镇化而不是大城市化，原因是什么？

周干峙：在中国的国情下，农村的人口能减到什么程度？要保障粮食供给又要农业现代化，怎么解决？这些问题都要研究。

对于一个大国，农村人口不可能全部住在城市里。那么，城市化就不应只是理解为城市人口的比例，还要考虑农村的"城市"化。因此，城市化率不是个简单的比例问题，而是一个国家大范围的现象，单讲一个地方、一个点的城市化没有太大意义，要综合考核经济发展状况，而不是单看城市人口比例大小。

农民工进城市是个非常突出、重要的问题，一只脚踏进了城，但不能算进了城。不少农民工进城，已经十几二十年之久了，但是他们城市化了吗？很多打工保姆在北京成了家，都生了子女，你还不承认她城市化？但是你能承认吗？很显然，我们现在做不到。如果承认，北京一下子就会增加500万以上的城市人口，住宅、学校、公共设施都跟不上。

可见，城市化不是一个简单的、理想的目标，还要有现实的、可能的条件。除了观念要正确以外，还有很多现实问题需要解决；不解决，城市化就是空的。城市化是个历史的过程，只凭主观意愿加快实际上是不可能的。但很遗憾，现在有些地方、部门在盲目鼓吹加速城市化。另一方面，在农村也出现了盲目盖高楼，把10层大楼盖在农村的现象，已经不少，农民并不叫好。

关于大城市的问题，很难笼统地讲将来不发展大城市，也不能讲都朝着大城市的方向发展，这要看地区的自然经济条件。为什么大城市一定比中小城市好呢？为什么一定是大的好呢？为什么城市化率就一定要高呢？总的来说，城市化进程中，大城市要发展，中小城市也要发展，小城镇也需要发展，不能一刀切，不能把城市大小看成福利待遇的区分标准，小城市也不是"命该不好"的。

解决交通拥堵，关键是正确认识、科学决策、做好规划、综合部署、协同治理

记者：交通拥堵是中国大城市这几年比较头疼的，一般一个城市的居民出行方式跟城市密度有关，北京是个密度很高的城市，但其交通结构是公共交通、小汽车和自行车步行各占1/3，有人对此持批评态度，你怎么看？

周干峙：北京的交通和规划有很大关系。20世纪50年代，苏联专家帮北京做规划时，设定的小汽车保有率是百分之十几。于是国家重点建设公共交通，导致道路的密度就比较低，干线的间距大，道路占城市土地的比例只有百分之十几，美国好多城市都是 20% 以上的。

北京的交通规划，又和采取什么样的交通政策和综合交通体系有很大关系，北京和东京市域面积差不多，人口、车辆也差不多，东京小汽车比北京还多，已经 700 多万辆了，地铁长度和北京也差不多，只是轻轨比北京多一点，但总的看，堵车没北京这么严重。关键是它多方面地利用了包括地铁在内的综合交通体系，而且枢纽完备、换乘方便，既省时间，又省费用，这样的交通比自己开车更为便捷、更为经济；而北京地铁效率不高，换乘太不方便。问题不是不知道，知道的，但我们很大一个问题是决策过程中专家作用太小，而行政干预太多。专家不大敢讲话，从领导角度，地铁完成多少长度就行了；从专业的角度，还有许多问题。

记者：对于现在出现的"大城市病"，有没有好的解决办法？

周干峙：城市化的本意是提高人们生活水平，让生活更美好，现在成了一种口号、目标。缺陷究竟在哪儿？究竟怎么改？这不是三天两天就能说清楚的，因为它也不是三天两天形成的。

我认为，问题不是不能解决，而且现在解决手段、条件比以前多。世界上解决交通问题，努力 100 多年了，系统的办法有的是，真正的专业研究人员，都有自己的见解和解决的办法，问题是听谁的。另外，你要求一晚上就解决，神仙也做不到。

交通拥堵不能靠单一措施——简单地增加公共车辆、修马路、修地铁以及限制车辆增长所能解决的。单纯修地铁，如果地铁和其他交通系统不衔接，即便都坐满了，效率也很低。不仅地铁跟地铁、地铁跟公交衔接不方便，地铁与其他交通不能接驳，跟商店也不结合，就解决不了问题。我们不是不懂这个道理，但是部门利益不一样。西直门是最典型的例子，极其不方便，一旦建成，已经多少年了，改善多少？很难改变。为什么？体制关系、利益关系，各干各的。

所以，决策思想很重要，管理很重要，限制车辆增长也很重要，但不可能靠这一招解决问题，要综合系统地来解决。光考虑汽车不行，还要考虑自行车。要从城市布局、限制城市人口到工程建设，系统地来解决。搞交通最忌讳的就是"摊大饼"；可是分散的、组团式的发展，要有强有力的管理才行，要各个单项互相结合、互相支持，可是咱们搞路的就是搞路的，不管边上的商店，还是农耕文明的相互关系。

你刚提到房子，房子是城市最核心的问题，也是一个难解决的事情。没有安居的城市，什么国际城市、美好城市全是空话。建设部为了解决房子问题花了多大的脑筋啊！搞安居保障房，但这只是一条措施，而且是应急的。长远看，住房水平还要提高，公共服务设施还要配起套来，环境质量更要改善。

美国也有贫民窟，但蜗居情况很少；像我们现在争地皮、盖房子的现象，美国也没有。我们现在拼命地买房子也是阶段性问题。现在买房子已经是个金融问题，如果我们发展到美国的程度，供给到一定程度，就不需要买房子，租房子是最方便的选择，不同年龄阶段的需求不同，只要租到合适的房子就可以，这样观念就变了。我们现在处于这样一个经济发展阶段，但是到时房子多了之后，也不会"寸房寸金"，像现在那样值钱了，这个问题最终也会解决的，我想不会太长久。

第 二 部 分

高密集连绵网络状大都市地区

——珠江三角洲地区城市化结构的新形态

中国城市化的发展，在近10年间，增长之迅速是相当惊人的。1990年，全国总人口为11.4亿，城镇人口为3.01亿，城市化率为26.4%；至2001年，全国总人口为12.76亿，城镇人口为4.8亿，城市化率达37.6%。

城市化不仅促使大、中、小城市和建制镇都有增长，而且反映在城镇布局结构上产生了一些新形态，京津唐地区、长江三角洲地区和珠江三角洲地区就是三种不同的城市化地区结构。

京津唐地区，按狭义的范围计，人口大约4000多万，以两大中心城市为主，城镇间距比较宽松，这是典型的、各自独立性较强的布局结构（conurbation）。

长江三角洲地区，按沪宁地区范围计，人口约6000万～7000万左右，两大中心城市之下，中小城镇发育充分，城镇密集到相距只有几公里，甚至1～2公里，可以叫作高密集、高城市化地区（四五年前拙著曾专论此事）。

珠江三角洲地区，也按狭义计，人口约3000多万（其中，广州地区800万～900万，东莞地区600万左右，深圳600万～700万，佛山至珠海地区也有几百万人），如包括香港（人口约670万），总共接近4000万人。1996年之后，城镇密集连绵，已成连片之势（图1、图2）。

南、北、中这三个大都市地区的比较，据

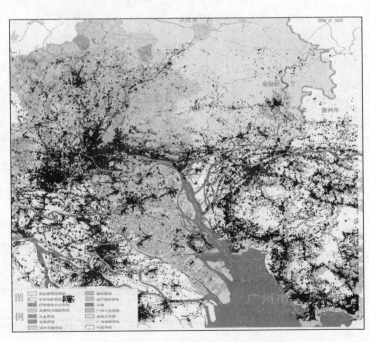

图1　珠江三角洲城市建成区现状

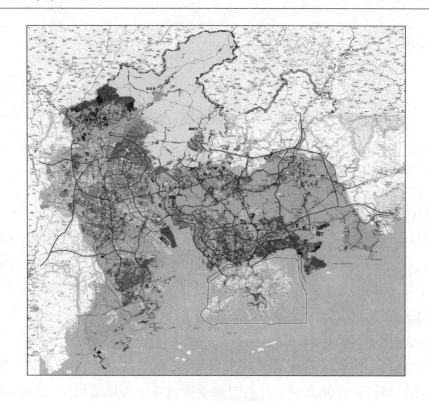

图 2　珠江三角洲城市群核心区规划

吴良镛先生对大北京地区的研究，其各自的城镇规划大体如图 3～图 6 所示。

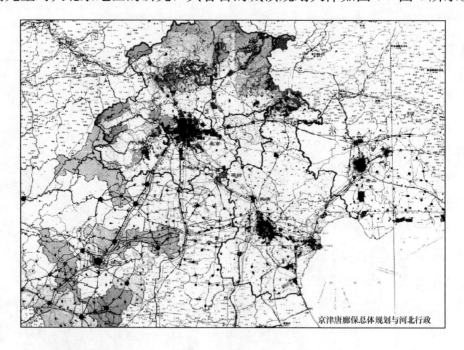

图 3　大北京地形

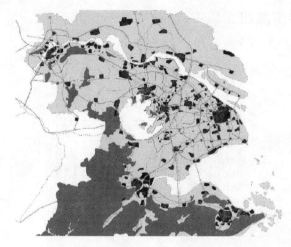

图4 长江三角洲网络化城镇形态

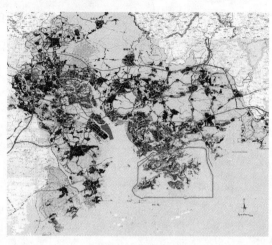

图5 珠江三角洲核心区规划（2000年）

三大城市群人均国民生产总值和地均国民生产总值的对比如图7、图8，其中，京津地区按京、津两地标示，作为京津地区，要把两地叠加。

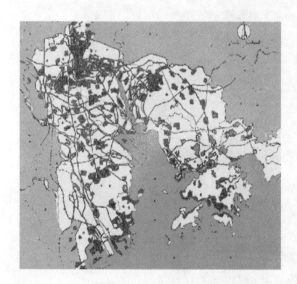

图6 1996年珠江三角洲核心区规划

珠江三角洲地区生产总值较高，在经济上有两大特点：1. 因毗邻香港，已形成前店后厂的格局；2. 有千万人以上的劳动力来自后方省市，城市的活力更强一些。

我国以上三个大都市地区的密集程度，人地规模和发展速度可能都超过了世界上一些先期发展的高城市化地区（包括大伦敦地区，荷兰兰斯塔德地区，德国莱茵河下游地区，日本首都圈地区，美国加州旧金山地区，美国东部地区等）。它们在城市化进程中、在对应的规划设计中都含有某些共同的规律，又各自具有不同的特点。

城市的布局与城市经济有多方面的复杂的关系，并不见得从某一种形态、某一种布局可以说明什么问题。因为最终形成的城市，往往是错综复杂的因素综合作用的结果。

城市化是人类聚居发展的高级形式，是人的集中产生了有利于生活、有利于交往的效益。可以以苏州和海南岛对比，前者是一个市，后者是一个省，人口规模都是600万左右。但海南的土地面积为苏州3倍多，而GDP不到苏州的1/3（2001年苏州GDP1760亿元，市域面积8848平方公里；海南特区GDP566亿元，陆地面积3.4万平方公里）（图9）。

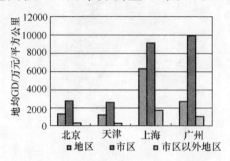

图7 三大城市群地区中心城市及
　　　周边地均GDP关系

摘自《京津冀地区城乡空间
发展规划研究》第61页。

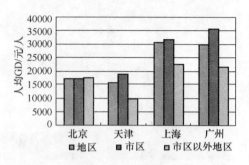

图8 三大城市群地区中心城市及
　　　周边人均GDP关系

注：摘自《京津冀地区城乡空间
发展规划研究》第61页。

图9 苏州城市空间发展

再以苏南地区而论，城镇密集到一空程度，使城市生活、规划建设等等产生了一些新的因素：1. 打破了一个城镇大而全、小而全的必要。人们可以住在甲镇，工作在乙镇，上学在丙镇。2. 生产、生活的可选择性更多。3. 集中配置基础设施的效益更高。4. 自然资源因地制宜利用，可以更为充分，更有利于专业化分工。

进而发展到珠三角地区，似乎又进一步：1. 更淡化了行政体制观念。原来的区、县差别已无实际意义。2. 有利于更高档次、层次的服务业的运作，如建设高教基地、科研基地、物流中心、金融中心等。3. 人的活动交往面更大了。生活在甲市、请客到乙市也无所谓（图10）。

图10 深圳规划

当然，人口密集也带来不利于生活的一面：1. 大气污染，环境保护问题难度更大。香港的大气就可能被上风向地区污染。2. 规划协调更为必要，城市管理工作更为复杂。3. 对地域交通网等基础设施"绿心"的保持等也要求更高。事物总是一分为二的，特别是复杂的事物，我们要准备有一个认识的过程。

如何认识各种形式的大都市地区在国民经济全局中的地位？如何发挥其在城市化发展中的积极作用？减少其负面影响？如何做好这些地区的区域规划？它们又各有什么共同和不同的规律？在经营、管理方面又应有哪些必要的措施？有众多的问题有待于研究解决。

在华东六省一市暨长三角城市建设论坛上的讲话*

长江三角洲是我国三个重要的城镇群地区,全国很多同行都很注意研究长江三角洲的各方面的科学问题,尤其对这个地区的城市科学问题,每年都要召开学术研讨会,随着城市建设的迅速推进,城市建设领域确实有很多值得总结和研究的问题。浙江是提出推进城市化战略最早的省,我受张德江同志的邀请多次在浙江讲城市化问题,这次会前陈继松同志要我讲一讲全国城市化的情况,由于这个题目很大,我也只能只言片语地做个发言。

近些年,城市工作取得了很大成绩,但一些老的问题还未完全解决,而一些新的问题又冒了出来。研究城市科学问题,我认为要有两个充分:一是要充分认识我们取得的伟大成绩,二是要充分认识我们今天面临的巨大挑战。

现在的全国城市建设很有点像"一五"时期的情况,但又有很大的变化和不同,最大的变化是财政情况发生了翻天覆地的变化。回想"一五"时期的城市建设,全国财政收入只有100多亿元,在城市建设领域总投资只有3亿~4亿元,而现在全国GDP超过了10万亿元,用于基本建设的资金达33亿元。2002年全国城市公用和房地产投资超过7000亿元(杭州市达到900亿元),北京已经达到2000亿元。同时,城市建设和规划质量要求也有很大变化,城市政府可以做很多以前不敢想、不能干的事。城市建设面临很多有利的条件,但城市建设也面临很大的问题,有些问题即使国外也还没有经验。去年,中规院为深圳市新城规划邀请了英国两位专家做顾问来深圳考察。英国专家看了以后感慨地说,你们的城市发展很快,规模之大、人口之多,在国外没有经验可循。你们可以总结很多经验,我们还要向你们学习。这位外国同行说的是实话,中国的城市建设在国外的确没有遇到过。因此如何认识和研究当前我国城市问题,同行们面对很大的责任。

面对现在的情况,我愿意讲几个观点。

---

* 本文于2003年发表。

一、如何保持城市化健康地快速增长的问题

这些年全国各地城市化发展很快。有的领导向中央建议把推进城市化政策作为国策。长江三角洲地区，特别是浙江省发展迅速，同时也出现一些问题。比如城市化到底以什么做动力，要注意哪些方面的问题等还不很明朗。

我最近到安阳去，发现一个例子。我们知道，城市化是解决三农问题的重要途径。安阳为吸纳农民进城，出台了一项政策，把7万～8万农民户口办进城，但农民原有的房屋和承包的土地都不变。这种城市化仅仅是农民户口进城，城市人口规模得到扩大，但肯定不是真正的城市化。

江浙一带城市发展迅速，土地出让一般采取先拆迁后上市的办法。就是政府垫资，先搬迁土地上的农民，再招商。如苏州市在城市周边征地中，对农民只补偿房屋，不补偿土地，基本上采取一户20万元的补偿，农民在城市周边买一套房屋，但农民失去了土地，没有了地种，只有进城打工。20多岁的年轻人比较容易找到工作，40岁以上农民，尤其学历不高的很难找到工作。农民出现隐性失业转为显性失业。这样的城市化就不是健康的城市化。总之，城市化不是简单的户口进城的问题，更要充分解决就业。

此外，城市化不是简单地追求高城市化水平。近些年我去内蒙古，发现内蒙古城市化水平高于辽宁，其中一个叫额济纳旗的地方，其土地面积大小和浙江省相当，也是十几万平方公里，但总人口只有5万多人，其中有4万多人在城镇，城市化的水平高达87％，这样的高城市化率有什么意义？只能说明土地沙漠化太严重了，牧民没有地方放牧了，都集中到城市来了，高城市化是由于生态恶化造成的，这就是一种经济落后的城市化。

城市化率不是越高越好，美国就不是最高，百分之七十六点几，新加坡百分之八十几，新加坡比美国还富？2002年我国城市化率达39.7％，有的专家认为，考虑农民工的流动，我国城市化的实际水平比公布的指标要高一些。

此外，现在许多城市重视城高化，提出做大、做强、做优、做美……，其中这"做大"要思量，城市到底怎么做大？城市不能不顾水资源条件、生态环境、就业可能等一味做大。

二、如何控制好城市用地

开发区的问题是当前非常突出的问题。针对全国盲目扩大开发区、各类开发区乱占地和拆迁中出现的不少问题，最近，国务院正在组织几个部委派联合督察组前往全国各地调查土地流失和开发区占地问题，现在已经进入第二轮，发现了很多乱批乱建开发区的问题。这次调查取得了很大成绩。据我了解，全国设立的各种开发区总面积超过 4 万平方公里，但现在全国城市建成区总面积才达到 3.5 万平方公里，天津一个区的开发区达到 400 平方公里，比天津整个建成区还大。近二三年来，各地的开发区越搞越大，动不动就 40、50 平方公里，甚至是 100 多平方公里，现在在江苏、浙江、山东搞 100 平方公里的开发区，比比皆是。

可以肯定，这么大面积的开发区建设在相当长的时期内是不可能实现的。现在过度地把土地流出去，是透支行为。更加令人担忧的是，由于开发区设立，形成了城市的圈地运动，造成严重的土地流失。

此外，城市化的质量问题。现在看，城市规模也不是越大越好。拉丁美洲经济落后，但恰恰是人口最集中在城市，城市化比率不低，有的甚至比美国、日本还高。我国现有 600 多个城市，城市建设水平差别很大，一些城市的基础设施还很不完善，不能单纯图城市人口的数量，忽视了城市的质量。

如果我们进一步对每一个国家或地区再做具体分析，就会看到，城市化比率千差万别，不同的国家有不同的城市化的特点，但都有一个共同的基本点，即城市化总是建立在工业化基础上的，这一点是我们做研究的基本认识。加快城镇化、拉动城镇化，在一定意义上也未尝不可，但是必须注意，不能离开了城市经济发展，否则这个城镇化是空的。

三、如何做好城市规划和城市设计（以海口为例）

我刚从海口市回来，想说明这样一个问题，即按系统、层次，用复杂的观念来处理好规划问题，就可以少花钱、多办事，反过来，花了很多钱并不能得出好的结果。海口作为省会城市，原来 70 万人口，第二次城市总体规划中，把机场迁移，规划 10 年前就做出来，现在并没有完成，有些地方还没有建，飞机场搬走后也没有做填埋。为进一步发展的方便，现在把西面、东面的县都划入城市，成为大的海口市，城市空间需要有一定扩展，实现跨江发展，城市人口按照现在的规划应是 150 万人（但海南岛是 600 万人，将来也会 700 万、800 万人口）。这个地区原来的规划没有完成，新的补充上去，按规划修编做就可以，但是市政府采取招标的办法来搞发展战略，还是国际招标，花了大量的冤枉钱。先是今年夏天请三个外国公司做海口的发展战略，他们并摸不透其经济发展问题，按规划的概念画一些图纸，没新鲜的，不得要领。然后再考虑总规的问题，用半年多的功夫，花了近千万元，请了五家国内的设计单位，规划了五个总体规划的方案。一些评审专家讨论发现，五个方案没有一个可行的，因为规划本身客观存在不配套、不完善的问题，该往东发展的还要发展，该往西发展的也要发展，没有任何变化，没有解决规划的实际问题，倒起到一定的宣传作用。新闻媒体大做文章，如新海口将如何如何发展，规模怎样大等等。

还有一个重要原因——体制原因，即要照顾到各方面的需求和发展。本来城市东面有地震的影响，应避免向东面发展，集中在江西边发展，有它的地理条件和科学道理。现在琼山由县级市并入到海口成为一个区，就要照顾这个区的发展，要在东面发展低层住宅区，按照全国人民的度假村设想，把国内的度假人群吸引到这里来，想法很好，但没有充分的论证。

要做好发展战略和城市设计就要认真地按照法定程序和实际情况来做工作，不能照搬照抄。海口做了半年的工作，花了钱和力气，起到宣传的作用，安慰了新并入的琼山。最后还是根据《城市规划法》规定，即 20 年为一期的总规批准后，每五年可以修编一次，重新按总规上报的要求，在原来方案基础上，按总规修编的办法上报。

总之，我认为现在要编好发展战略、做好城市规划设计，不是一个简单的问题。有关部门，特别是规划局要提出系统意见，市里领导要慎重做出决策，而且一定要分清轻重缓急，根据实际需要，这样才会事半功倍。

四、如何在城市现代化建设中保护历史文化

这也是讲了多少年的一件事情，虽然许多城市提出要保护历史文化，但是收效并不理想。本来我们国家悠悠古国，城市的发展，城市的观念、理念很早就形成了，而且有不少很有价值的遗产。现在我们虽然有 102 个国家级的历史文化名城，但是留下的实物跟我们这个古国的声誉，实在差距太大。通过文物部门了解到，现在我们国家规定的国家级历史文物有多少万件，此外还有省级的、县级的，加上有保留价值的，未列入文物的、历史的东西，文物专家认为，我国顶多还剩

20多万件。与法国比较——据20世纪70年代的一次调查，法国确定保留的项目是在100年以上的，包括房子、器具等这些历史性的东西，他们登记在册、要加以保护的有200多万项，我们现在恰恰是剩下不多了。应该讲对于保护历史遗存，我们有一个很大的观念上的差距——我们不以为然的东西，国外恰恰把这些东西当成宝。这里有一个根本的问题，就是我们的政策，对旧有历史文物的政策究竟是什么，应该是什么？最近，我跟一部分院士，给国务院写了一个建议，就是主张停止在历史文化名城进行旧城改造的政策。世界上特别是欧洲一些有文化传统的国家，如英国，现在已经不再提"旧城改造"这四个字，而是主张对旧城的保护、改善与整治。总之不是拆光了重来，拆光重来的办法是不明智的。这个问题，我觉得要改变我们的观念，另外这也是改变千城一面非常有效的措施。

对于当前"城镇化"问题的几点认识和建议[*]

从进入 21 世纪以来,"促进城镇化"成了大家关心的一件大事。我国从来没有像这几年这样重视和热衷于研究城市化问题,这是一个好现象。目前,不少地方对"城市化"的理解不太准确。下面提出几点认识和建议,供参考。

一、城市化是工业化过程中伴生的社会现象

18 世纪发生的产业革命,使一部分欧洲国家出现明显的农村人口向城市的大量迁移,开始了工业化初期的城市化现象。根据资料,19 世纪初,世界人口中只有 3% 是城市人口;经过 100 年时间,20 世纪初,城市人口占世界人口的 14%,一个世纪增加了 11 个百分点;再经过 100 年,到 20 世纪末,城市人口的比重提高到 48% 左右,整个 20 世纪增加了 34 个百分点,是 19 世纪的 3 倍。20 世纪还发生了两次世界大战,很多城市被摧毁,城市化进程陷于停滞,但是"化"的速度仍然大大快于 19 世纪,其动力主要来自工业化。可以说,不论哪个国家,工业化必然伴随着城市化,这是一个不以人们主观意志为转移的客观规律。

根据联合国 1995 年"世界城市化展望"提供的资料:世界五大洲的城市化平均水平:北美洲 76.3%、拉丁美洲 74.2%、欧洲 73.6%,都是工业化开始较早、发展程度较高的地区;亚洲 34.6%、非洲 34.4%,则是工业化起步较晚、发展程度较低的地区。但是,如果对每个国家具体分析,就会呈现千差万别的、不同的城市化现象。

二、城市化和现代化一样,是一个国家社会经济动态发展的长过程

城市化是国家社会经济发展水平、特点、状况的反映,也是不同时期各种政策综合作用的结果。城市化对每个国家来说都是一个长过程。这个过程会表现出

---

[*] 本文成于 2003 年 7 月。

阶段性；城市化到达一定高度后发展会相对减缓或停滞，如现在一些发达国家出现的现象。可以预计，随着社会经济的发展和科学技术的进步，城市化还会显出新的变化和特点，值得我们不断地跟踪研究。

回顾新中国成立54年来，我国城市化经历过一条曲折的道路。1995年至今，我国确立了社会主义市场经济体制，长时期的经济高速发展，造成城镇经济和建设惊人的增长，但是城镇和农村的差别也相对扩大。1998年中央提出重点发展小城镇的方针，作为解决"三农"问题的重要途径之一。2000年在"十五"社会经济发展计划中明确提出推进城镇化的战略，并且对长期以来的城市发展方针作了调整，要点是普遍发挥各级、各类城市的积极作用；随后又调整了部分限制或不利于农民"进城"的政策。因此，这段时期的城市化速度明显加快，是建国以来从未有过的。城市化水平从1995年的29%，提高到2002年的39.1%，8年增长了10个百分点，年均增长1.25个百分点。

截至2002年，我国有设市城市660个、建制镇20600个，其中：50万人口以上大城市113个，城镇非农人口3.37亿人。

回顾我国50多年来的城市化历程，可以看出：

1. 工业化带来城市化，城市化有利于工业化，两者相互协调，会带来经济的进一步发展和社会的进步；

2. 经济社会发展的推进、徘徊、挫折都会直接影响城市化的进程，城市化的滞后也会拖经济社会发展的后腿；

3. 国家的战略、方针、政策对城市化进程影响很大。这段时期，党和国家对城市化采取明确的方针，政治稳定，经济持续高速发展，城市化进程呈现出快速增长的势头。

三、当前对城市化的一些误识

城市化的必要性是不容置疑的。但是，当前有一些误识，会影响社会经济的健康发展：

1. 以为只要加快城市化就会带来经济发展，过分强调了城市化对拉动经济的作用。其实，只有经济社会发展了，城市经济的规模增长了，就业面扩大了，生活水平提高了，才能容纳更多的新增城镇人口，刺激产业和各种社会事业的发展。

2. 城市化率不宜作为每个市、县、区的发展指标相互攀比，也不宜在省、自治区、直辖市间作为硬指标攀比。拉美、亚洲有些发展中国家存在着"虚胀"城市化的现象，即：大量贫穷的农村人口盲目流入大城市，虽然造成很高的城市化率，但国家的经济水平仍然较低，而且加剧了城市中的大量社会问题。

3. 城市化率并非越高越好。不仅从国际看如此，国内情况也是如此。以西北地区6个省区为例，根据2000年的统计，内蒙古、新疆的城市化水平高出陕西、甘肃10多个百分点，但以经济社会发展水平而论，陕西、甘肃要超过内蒙古和新疆。内蒙古额济纳旗的城市化率高达87.5%（由于可牧地丧失，牧民只能进城谋生），却是经济落后的"城市化"。

4. 要防止在"推进城市化"的名义下，大规模圈地，脱离实际地搞大开发区、大市中心、大广场、大金融贸易区、大公共活动中心等，造成巨大的浪费。

5. 城市并非越大越好。按照大、中、小并举的方针，在特定地区发展一些大城市、特大城市以至大城市地区，是符合我国国情的，但不可能所有大城市都要翻番往特大城市以至超大城市方向发展。许多"做大"城市的设想，都没有考虑到城市做大后带来的环境问题、交通问题等等。

6. 农村不能任其衰落，不能因城市化而忽视了农业和农村的现代化发展和建设。

总之，对待我国正在发生的、高速的城市化过程，应该积极迎接，冷静思考，切忌主观浮躁。要采取正确的方针政策，消除各种各样不合理的壁垒和障碍，引导城市化走向健康、合理、科学的方向，有利于我国的现代化建设。

在全国中小城市发展研讨会暨中国城科会
（中）小城市委员会第十四次年会上的讲话*

中国城市科学研究会成立到现在已经有 19 年，中小城市委员会是 1988 年成立的，也有 15 年了。我们这个委员会已经过 3 届。每年大概开一次会，开了 10 多次会了，全国现在总共 320 多个小城市，220 多个中等城市，今天到会的代表有 300 多人，这件事情本身就反映了我们这个委员会的发展趋势。中小城市是 50 万人口以下的城市，城市不大，但是这个事业很大，而且这个事业会越搞越大。我想借此机会，主要讲两点意见：第一点，中小城市在我们国家的城市系统中永远是重要的组成部分；第二点，在目前情况下，要争取中小城市在全国城市化快速发展的过程中，能够得到较快的健康的发展。

第一，最近几年，在全国城市化过程中，有个突出的现象，就是所有城市都在发展，但是大城市与特大城市的发展，好像要快一点，它的呼声也很高。我们学术界有一些专家都主张在下一步的城市化中要重视大城市，要形成一些新的大城市和特大城市，似乎中小城市的发展要受到一点抑制，也可能有人怀疑，我们国家的政策，特别是对城市规模的政策是不是有所变化。对于这个问题，我个人认为不能从一时一事来看，我们应该从历史、全局的角度来看。我们国家长期以来，对大城市采取过抑制的政策，从"一五"开始，就把重点放在中小城市发展上，后来主张大城市也要发展，但要多发展一些中小城市。改革开放以后，学术界首先感觉到，还要多发展一些大城市。但并不等于不要发展中小城市，或者是要限制发展小城市。从半个世纪的历程来看，我国的城市政策确实有不少地方是有所调整，对于城市在经济中的地位，对于城市的标准等，都有变化，但是恰恰只有关于发展中小城市的政策，我觉得可以说是没有变化过。50 年来，别的政策变动，但是这条没有变。即使是近几年，大城市发展快了一点，但就国家政策这个意义上来讲，发展中小城市的政策没有变。从实际情况来看，包括第一个五年计划也好，三线建设也好，直到改革开放初期也好，中小城市增长的比例都高于

---

* 本文原载《城建档案》，2004 年第 2 期。

大城市：只是到 1990 年代以后，情况才稍微有点变化，就是大城市的发展速度快了一点，大城市的发展、人口增长的速度跟中小城市慢慢趋于持平，近年甚至可能有一些年份大城市反而快一点，这就是实际情况。从我们最近编制"十一五"计划来看，对中小城市的提法仍没有改变。最近，建设部在研究城市化政策中跟科技部共同有一个重要课题列入全国十二个重大科技政策，这个题目就是如何加快中小城市的发展。我们的政策延续性如此保持一贯恐怕是少有的。从我们亲身经历的实际情况可以看出，现在有一点变化，就是现在城市发展快一点，不完全是政策因素，应该讲目前大城市增长，一方面有政策因素，另一方面还有市场因素。恐怕还是市场因素多一点。发展中小城市是我们国家长期以来的国情所决定的。由于我们的历史条件、自然条件，城市的结构，或者讲城镇的结构，是长期形成的，这个趋势绝不是短短几年所能改变的。我们也要发展一些大城市和特大城市，但是不可能像世界上有些发达国家一样，城市人口大部分集中到大城市和特大城市里面去，像美洲一些历史比较短的国家，在中国恐怕不可能。所以我觉得很重要的一点，就是中小城市在我们国家的城市系统中，很长时间以内都将占有重要的地位，是基础性的组成部分。

第二，怎样在我国城市化的高潮中，使我们的中小城市也能够又好又快地发展。针对这一问题，主要讲以下两点：一是要少走弯路，持续发展；二是要质量优先，突出环境。

1. 少走弯路就是后发优势。我们现在要迎头赶上世界的潮流，一定要避免走人家的弯路。所谓跨越式的发展，最容易的跨越就是人家犯的错误不要去重犯。在城市结构体系上首先要有一个综合全面的安排，大中小城市都要发展，但要重视中小城市。世界城市发展的重要经验就是城市大了以后不可避免地会产生所谓的"城市病"。我们也已经尝到城市病的苦头了。城市大了以后，首先是环境质量下降，北京、上海、广州不用说，一说大家都会皱眉头；另外一个是交通，很难解决。这些大城市病恰恰是中小城市容易避免的，中小城市先天就有优越条件，可以做到比较好的环境质量。一个现代城市，不管大小都必须有周全的设施。中小城市，从生活服务设施来讲，供水、燃气、商业服务等都应该不比大城市差，这一点世界上好多国家都已做到，另外一条，它可以做到更为舒适安全，这个恰恰是大城市比较难做到的。很多中小城市易于做到环境宜人，生活宁静，安全度高。只有在这些良好的条件下，才能实现可持续发展这样一个目标。在我们国家 50 多年的实践当中，可以看得比较清楚，中等城市比小城市更容易做到上面的这几点，既繁华又安静，既宜于居住又宜于工作，既宜于学习又宜于创业。我们有不少20万～50万人口的中等城市，可能这些城市容易做到上述这几点。这次来到郴州，非常明显地感觉到郴州的环境条件跟北京之间形成强烈对比。这里是开门可以见山，低头还可以见水，空气清新，确实是环境宜人。好的城市我们已经有不少，像苏南已经有不少中小城市，包括一些有名的镇，还有文化方面的吸引力。总之，在我们国家，中小城市完全可以跨越发展，体现中国式的城市化。西方国家是从城市化走向逆城市化。我们从一开始就有较好的布局，免去大城市的一些毛病，在这个问题上中小城市有天生的优势，可以发挥很好的作用。因为不管科技发展到哪一天，人类都离不开自然，越文明发达人类越要回归自然，这个热情是不可抑制的。所以在我国城市的系统中，中小城市恐怕永远会占重要的比重，而且将会成为人们比较向往的地方。

2. 质量优先，突出环境。这次会议选择了生态这个主题，选择得很好，生态涉及今后城市的基本功能有无竞争力，能否可持续发展等根本问题。经过上个世纪，特别是1990年代以来的10年，大概所有的城市，都取得了一些城市化方面的经验。大家都已经看到，下一步要再向前发展，国家要进一步深化改革开放，要迎接全球化与市场化的到来，城市之间竞争会越来越激烈。我们今后城市之间的竞争，关键不在于数量，不在于大小，城市能不能有吸引力、有凝聚力，很重要的一点就是在于我们城市的质量或者叫品质怎么样。

我们的城市化要健康发展，可持续发展，比较快地发展，都离不开三个最根本的条件，一是质量，二是效益，三是特色。一个城市必须是高质量的，对生产、生活来讲，质量水平要很高；第二是讲效益，生活的效益、生产的效益都要很高；第三个是要有特色，一定要有特色。我们看到有竞争力的城市往往有的时候是很小的城市，特别是欧洲很多城市，很多最先进的科技，恰恰不出自最大的城市里头，而是出自并不起眼，但是讲质量、讲效益、特色浓厚的中小城市，美国最高的科技都不在华盛顿，不在纽约，硅谷是加州的一个小城市群，东面的波士顿比较大一点，但也不是最大的；印度的计算机软件业诞生在一个镇上。一个城市不论大中小，质量、效益、特色都有一个共同的平台，那就是建立在环境的平台上。城市质量是城市的硬件，就是看它的环境怎么样，所以城市质量很显然是今后城市发展的最重要或者说是最根本的源泉。我们现在老讲城市化率的高低，讲规模大小，其实世界上很落后的大城市有的是，不少不发达国家的大城市是贫穷落后的。城市不在于大小，不在于人多人少，而在于它的素质。

怎么样使中小城市能比较快地发展，并且能够讲究质量，达到效益，富有特色呢？我还想讲几个具体的问题供大家参考。首先，我觉得追求城市质量水平的提高不能操之过急。因为城市质量的问题牵涉到方方面面，我们评价一个城市不是一个角度评价，是从好多角度去评价的，是一个综合的评价。人家说你这个城市好，不光是你房子盖得高，或者房子里面现代化设备搞得好，还要从很多方面上考虑。现在城市评这个评那个，评的都不是单一得分，而是一个综合得分。城市水平的提高，离不开经济水平的提高，城市化一定要与经济发展同步。要解决好目前同步发展中的两大问题，一是要提高城市化水平，必须农村也要提高。不能让农村越来越落后。那样的话，这个城市化就不是一个健康的城市化。还有中小城市，中小城市背后直接就是广大的农村，城市质量的提高，必须建立在城市和农村同步发展的基础上。另外一个问题，就是解决城市就业问题，城市内部的公平合理问题。我们不能让城市有一部分搞得漂漂亮亮，另一方面贫民窟多起来。这些问题，恐怕不是一天两天解决得了，太着急了不行。第二，我国城市化的发展，要想健康、要想可持续，一定要控制在我们人力、物力、财力可能的条件下。中小城市，不能照搬、照抄大城市的做法。要保持自己的特色，如果中小城市都跟大城市一样了，中小城市的吸引力或者叫魅力恐怕就没有了。更不能完全克隆人家的，城市不能克隆，不能哪个地方搞得好就照哪个搞。现在大家很重视城市交通，马路越搞越宽，大城市搞了80米、100米，甚至120米，我们中小城市不能那么搞。我这次来看郴州的马路不宽，非常亲切，气氛就不同。广场也是这样，本来广场是聚集社会活动的地方，而不是人烟稀少的地方。现在有些城市广场越搞越大，越搞越空旷，这不符合人的生活和人的尺度。现在有很多地方开发区搞得很大，这也不好。因为每个地方都搞开发区、园区，现在全国开发区总面积比城市已建成的总面积还要多了，所以国家得采取措施。中小城市这方面可能包袱小一点，可能每个县都会搞一个，但不能像一些大城市搞一个开发区就几百个平方公里，搞得很大必然是稀稀拉拉，不成气候，既浪费又不实用。第三就是城市特色，不只是一般外形的特色，还包括老城区和新城区都要有特色，老的要有历史的风貌，新的要有新的特色。特色不仅是外形，要把外形和文化内涵统一起来。这些年来，中小城市有不少成功的经验，很多城市保存了自己的历史建筑，同时还有很多新建筑，表现了这个城市的特点，形成一幅历史的长卷，可看、可圈、可点，看起来多好啊。现在有些城市，不管这房子是干什么用的，只要新奇古怪就行了。用新奇古怪来吸引人是不行的，新奇古怪的东西就是所谓时髦的东西，时髦的东西一般是短命的。我们应该保留、发扬有文化内涵的、传统的东西。一般不宜搞大拆大建，如果对旧城市全部大拆大建那就彻底完蛋了，谈不上哪些历史的内涵还能保存发扬。最近在杭州看到一些做得比较好的，我给他们总结几句简短的话:"要保持城市的特色,一定要顺乎历史,顺乎自然,顺理成章。""章"字是指规划设计。这里还有一条,我觉得也是我们最近几年的经验教训,就是规划设计不要动不动就找洋人来搞。在这几年来,特别在很多的大城市里已经做过了头了。我认为,城市是非常复杂的东西,涉及文化观念的东西。请洋人,洋人怎么也想不到我们的历史传统、社会经济生活的特点。我们请外国人来"集思广益",来做规划设计,至少已经20年了。从城市规划来讲,20年以前,1980年,我们从厦门就已经开始了。可以说做到今天,城市的总体规划,没有一个外国人是做得好的,没有一家是做得成功的。我们绝不是闭关的,我们要吸收很多先进的思想文化,但是最终解决问题必然是中国人自己,必须要依靠我们自己的力量,要培养我们自己的规划设计、规划管理的人才。第四就是大家都在讲的城市做大做强的问题。当然还有做美做优,还有更多的目标。做大做强原意应该讲还是很好的,这个口号最早是湖南产生的,几年以前在长沙讲的。不过我觉得"做大"这条不完全准确,要"做大"问题比较复杂。城市大小牵涉到很多区域的问题。城市的中心区能不能做大,还牵涉到资源条件问题、土地的问题,也并不是你想做大就能做大的。中央现在不是提倡要有科学的发展观吗?就是要从科学的规律来研究今后发展的问题,不能凭主观想象。最近到很多城市去看这个城市的规划,不用问,如果是50万人口,它的规划一定是100万人口或100万以上,总之翻一番。这在有些城市是可能的,但在有些城市是不可能、不合理的。我们搞规划的人都主张要留有余地,都不反对要留余地,但要紧凑发展。预留大一点,不算是大事,但现在往往你一划大了,马上就开发出去了。我和一些同行是不大强调做大的,要根据情况去做。我们西北有很多地方水资源卡得紧紧的,城市要大到哪里去?没有土地不行,没有其他资源也不行,所以我觉得,城市大中小问题是由全局来决定的,能大则大,宜大则大,不能大就不要大,应该是实事求是来安排。而且我觉得大这个观念不能停留在中心城区这一坨坨。郴州我觉得也可以讲要做大,它做大就不限于这27万人口的中心城市,郴州市域有400万人口,郴州如果能把400万人都做大做强了,我觉得这个"大"、"强"是实实在在的。至于中心城你40万人也好,50万人也好,甚至于60万人、70万人,只要条件允许,我觉得问题也不大,但是没有必要勉强去奔多少万。

最后我想要感谢郴州市,从我第一次来访的印象看,郴州比想象中要好得多,确实是城市不大,日子好过,文章好做,这是你们很明显的特点。跟大城市、特大城市一样有繁华,但很显然生活更方便,环境条件也要好得多。我们国家这些年来已经有不少好的中小城市、明星城市，特别在沿海一带，这次又看到郴州，我觉得郴州与沿海那些城市差不了太多。郴州为我们中小城市发展提供了一个很好的样板，也使我们对中小城市的发展增强了信心，这也是要感谢郴州的。

中国的城市化和大都市地区的规划

——在香港理工大学主办"珠江三角洲发展论坛"上的演讲

讲一点关于中国的城市化和大都市地区的规划问题。

一、当前中国的城市化的特点

可以用两句话来概括,即:"波澜壮阔,发展迅猛"和"成就巨大,缺陷不少";面临的任务是"统筹协调,健康提高"。由于我国城市化的历程已有半个多世纪,而近10年的变化最为突出,主要原因是:1.建设资金大量投入。全国年度GDP达到10万亿元,用于城市建设方面(统计口径不同)在4万亿~5万亿元,甚至达6万亿元左右,如北京、上海等特大城市每年要超过1000亿元;一些省会城市,较大的经济中心每年都上百亿或几百亿元;中心城市也都有几十亿元之多。2.人口流动,持续增长。上个世纪末,全国进入城市的流动人口在7000万~8000万人,进入本世纪就超过1亿人,前两年达1.4亿多(有人估计可能达2亿人)。按户口的城市人口年增长率为1~1.4个百分点(目前城市化率为39.6%,这个比例实际上是偏低的)。每年新增基础设施很可观,年住宅建设量都在5亿~6亿平方米以上。统计数据有的不准,看实际情况,城市变化不只是在北京、上海,在中、小城市、在穷乡僻壤、在边边角落的城市都有巨大的变化。最近有机会到内蒙古、黑龙江一些城市,如最边远的密山、最小的阿尔山、最困难的(资源枯竭)伊春、大庆等城市,从表面上看都有不少新气象、新面貌。

几乎所有城市都重视了城市规划。全国的规划设计院为城市总规、详规、专规、发展战略研究和城市设计,忙得不可开交,日子都过得不错,规划界同仁都认为我国城市规划的春天已经到来。

在不久前召开的中国城市规划学会年会上,我作了一个"为了一个更加美好的春天"的报告(已刊登在10月15日《中国建设报》上),讲述了第三个春天比前两个规模要大得多,其特点是暖流迅猛,乍暖还寒,有不少问题、诸多困惑,其中有行业自身的问题,也有更多的社会、经济问题。有一些问题,如资源、环境问题已影响到健康发展，国家提出了"科学发展"和"宏观调控"、"统筹协调"等要求，及时纠正了一些偏向。还有一些重要措施，就是准备加强立法，修改《城市规划法》为《城乡规划法》；制定国家中长期发展规划，在20项中长期重大发展规划中，城市化和城市规划问题是其中主要的一项。

总的估计，我国城市化仍在初级阶段，已经打好了基础，要提高质量，更上层楼。到2050年，国家小康目标实现之日（人均GDP3000美元），也将是城市化和现代化基本完善之时。全国都可以达到城乡共同富裕、生活安全舒适、环境宜人健康、基础设施齐备、具有中国文化的城市化目标。

二、大都市地区的规划问题

大都市地区的出现是我国城市化的一个新特点。目前关于大都市地区（metropolitan area）的界定还有待于研究。我认为我们既应参考世界公认的一般标准，如戈特曼（Gottmann）、道萨迪亚斯（Doxiadis）、帕佩约阿鲁（Papaioannou）提出的人口规模要达2500万人，或1000万人的标准，还应结合国情制定自己的标准。如：1. 达到一定密集程度，占一省人口一定比重的城市人口总规划；2. 有一定的经济规模，并占省区的一定比重；3. 在社会经济活动内联外引中占有一定比重；4. 交通通达便捷的程度；5. 城市设施的品质水平。在我国已经呈现和即将出现的大都市地区可能有沿海6个和内地6个，这十几个地区的GDP总量占全国GDP总量的1/2左右。目前已经成型的还只有珠江三角洲、长江三角洲、京津唐地区和辽中南地区4处，而已经成熟的只有珠三角和长三角2处（见胡序威等《中国沿海城镇密集地区空间集聚与扩散研究》，科学出版社）。

目前城市化发展必须重视区域整合，通过规划、协作发挥城镇群体作用，已成为政府部门和各级领导的共识，而且各省区都编制了省域城镇体系规划，各大城市都积极编制各自的市域城镇体系规划和更大范围的地区规划（如山东东南部、杭州湾地区都编制了区域规划方案）。

上述大都市地区实际上各处于不同的发展阶段，各有优势、各有长短、各有局限性和历史特点，值得及早着手考虑研究。

珠江三角洲城市群发展规划由建设部和广东省联合编制，即将通过省人大报送国家批准，其大体内容是：到2020年建设用地控制在7800平方公里左右，人口规模控制在6500万人，区域性基础设施按8000万人口预留；总目标是要"建设世界级制造业基地和世界级城市群"（包括香港），是"国际合作与竞争的'排头兵'、国家经济发展的发动机、文明发展的示范区、深化改革与制度创新的'试验场'、区域协调发展的先锋队、城乡统筹发展的好典型"。规划提出："强化中心、打造'脊梁'；拓展内陆，培育滨海；提升西岸，优化东岸；扶持外圈，整合内圈"等空间发展战略。还提出："一脊三带五轴的区域空间结构，把区域最重要的功能区和节点进行串联，形成八个方向强劲辐射的网络。未来的城镇群空间结构将有利于'大珠三角'的区域一体化，有利于城乡统筹、协调发展，有利于整合现有城镇的产业、人口布局。"

鉴于珠三角生态环境"局部改善、整体恶化"，规划拟通过对自然生态、城镇布局的研究，在识别本地区特定生态要素的基础上，构建"一环（背景山区绿环）、一带（近海水域海岸带）、三核（生态绿核）、网状廊道"的区域生态结构，确定生态保育用地达8300平方公里以上。珠三角规划在编制过程中已经起到了三大作用：1. 推动广州的总体规划修编；2. 推进交通网和城市组群发展；3. 促进CEPA和9+2的走向具体化。下一步应做好：1. 成立相应的协调机构，分地区组合；2. 交通信息网络建设；3. 发展新服务行业，加强"城市脊"的形成；4. 环境生态的改善；5. 建立组团式城市结构，避免摊大饼；6. 调整产业结构，形成专业分工的工业布局；7. 逐步提高城市和农村地区的基础设施质量；8. 密切与港、澳的互动和互补。这方面有大量的发展空间。

大都市区的逐步形成和完善，将是城市功能和效益的一次飞跃，将会按照系统工程学的规律1+1>2，并且派生出新的功能和效益。

促进城市化健康发展*

——总结历史经验，科学对待城市赖以生存和发展的自然资源和环境，妥善处理好它们的关系

东北是我国最早出现现代意义的城市化的地区。早在上世纪初，日、俄帝国主义为掠夺资源开始采矿建市，就造成了对资源环境的破坏。解放以后，工业和城市加快发展，城市化发展进一步对资源环境造成新的破坏。只是由于东北的自然条件基础较好，目前的环境状况，在国内还不算最差。

东北地区现有设市城市 100 个，其中，特大型城市（人口规模大于 100 万人）16 个，大城市（人口规模在 50 万～100 万人）14 个，中等城市（人口规模在 20 万～50 万人）26 个，小城市（人口规模小于 20 万人）44 个，建制镇近 2000 个。2003 年城镇化率为 47.05%，高于全国 40.53% 的平均水平。

一、当前东北城镇发展中的主要问题

1. 部分城市资源枯竭，就业压力沉重，替代产业缺失。

东北地区围绕石油、煤炭和森林三大资源，有几百家大中企业，形成了二十几个资源型城市。

辽宁省以矿产资源开采为主的城市及地区的人口占全省总人口的 44%，土地面积占全省总面积的 56%，GDP 占全省 GDP 总量的 42%。

多数矿山已经开采了几十年甚至百多年，资源衰竭，企业破产，职工下岗，生活困难，已经形成了一个城市贫民阶层。

据统计局公布资料，2003 年辽、吉、黑三省登记失业人口共 135.49 万人。但据各市反映，抚顺市到 2004 年底共有下岗失业人员 32.32 万人，占该市职工总数的 59.24%；阜新、北票等市下岗失业人员均占市区就业人员总量的 50%。

---

* 东北地区有关水土资源配置、生态与环境保护和可持续发展的若干战略问题研究汇报

鹤岗、双鸭山、鸡西、七台河等4个煤炭城市的下岗职工11万多人，再就业率只有15.4％。

2．轻重工业比重失调，城市经济区位是沿海，但地位似内地。

2002年东三省轻重工业比重为20∶80，而长三角为44∶56，珠三角为50∶50。

工业总产值占全国的比重由1978年的17％下降至2002年的9％。

沈阳、大连、长春、哈尔滨等4大中心城市在全国15个副省级城市中的排序也在逐渐下降。

3．城市基础设施不完善，存在安全隐患，而且应急措施不足，缺乏预案规划。

城市供水、排水、煤气、供热等基础设施有相当部分已经老化。

供水管网漏泄普遍严重，漏失率居全国前列，辽宁省漏失率达30.7％。2003—2004年期间，国家为东北三省安排了35个国债项目，投入2.87亿元用于供水管网改造，但"杯水车薪"，改造任务仍重。

煤气漏失、引起爆燃也有所发生。

厂矿的生产安全事故也频有发生。

东北地区有81％的城市没有污水处理厂，已建设污水处理厂的城市因种种原因基本上不经常运行。据统计报表，2003年东北污水集中处理率为23.9％，但真正能达标处理的不会超过10％。

4．污染越来越重，水资源越来越缺。

辽宁全省31个城市中，19个城市水源不足；23个县城中9个缺水。20世纪80年代以来，沈阳、鞍山、大连、盘锦等市地下水超采严重，地下水位已下降20~30米。

吉林水资源条件相对较好，但水质性缺水和乱开采地下水现象严重。

黑龙江水资源条件相对较好，但同样缺水。哈尔滨因松花江污染而被迫兴建远距离调水工程。

5．城镇布局不完善，加上体制、观念因素，区域协作不密切。

东北地区城镇布局呈"一轴两厢，纵横网络"的方向发展。"丰"字形的空间布局，哈大线是纵轴，是东北地区城镇体系的核心地带，占东北8.5％的土地，集中了约30％的城市，50％以上的城市人口，87％的特大城市。但东部、西部的交通条件相对较差，两厢格局、网络体系尚未形成。

各省区相对封闭，经济联系以省内为主，缺乏省区间协调整合。

二、城镇发展趋势与分析

制约东北地区城镇发展的最主要因素仍是资源和环境。必须改变增长模式，按照科学发展、和谐社会、节约经济的目标，探讨中国特色的城市化道路。

城市化发展速度不宜过快，城市规模不宜扩得过大。

1. 城镇化率预测：适当比重，适当速度。

总体水平将有所提高，按历史基础，东北地区城镇化率仍将略高于全国平均水平，到2010年大体上达55%，2020年大体上达60%，2030年大体上达65%。

2. 在"两厢"和"口岸"多发展中小城镇。

农业资源，包括水稻、玉米以及农牧业、林业，大都在两厢地带，按照资源、水源的循环利用，都在东、西部。按进一步改革开放的需要，边境口岸也有发展前景，也在东、西外围。历史上人们"闯关东"，现在有可能"闯外围"，"走出去"。农业地区、边境地区，仍是广阔天地。

三、城镇化策略与对策建议

最根本的还是处理好城镇化和环境保护、人和自然的关系。要走依顺自然、社会和谐、城乡协调、资源循环和环境和合的路子。

1. 适度城镇化，重在优化提升城市质量。

东北地区的城镇化率保持适度增长即可，更重要的是提升城市质量。

首先，要走紧凑型的城市发展道路，合理控制城市规模，防止大城市盲目扩张。在节约用地的同时，要重视城市环境和城市文化的保护。

其次，要改善城市现有建筑和基础设施，更新和改造城市地下管线，减少渗漏，提高城市生活、生产和交通运输以及基础设施的安全性；建立完善的城市交通体系，优先发展公共交通，鼓励大城市发展轨道交通和城镇密集区建设城际轨道交通。

第三，要完善城市服务职能。大力发展第三产业，完善城市功能，实现城市的优势再造。

2. 城乡统筹，大中小城市协调发展。

（1）强化中心城市带动，推进都市区发展。

加强沈阳的铁路枢纽与大连的国家级和区域性空港、海港交通枢纽建设，增强这两个都市区的辐射影响力；强化哈尔滨在东北北部的中心地位；提升吉林中部城镇群的地位；培育齐齐哈尔—大庆、牡丹江—佳木斯以及辽宁西部城市的工业及地区服务职能。

（2）促进对外开放，发展边境城市。

进一步强化大连的区域门户中心城市的作用，积极发展丹东、营口、葫芦岛等港口城市，以及满洲里、绥芬河、珲春、图们、阿尔山、密山等边境城市。

（3）扶持小城镇和农业城镇，建设社会主义新农村。

东北具有巨大的农业振兴的潜力。应结合农业发展，开发为农业服务的加工业。林牧业和农产品加工，特别是初级加工应就近放在小城镇（如面粉厂及粮食制品），既有利于保鲜质量，又有利于废水废物回用。为农村人口向城市转移、发展现代化农业和建设社会主义新农村创造条件。

3. 采取综合措施，促进资源枯竭型城市振兴。

进一步完善资源开发补偿机制和衰退产业援助机制。特别是抚顺、阜新等工矿型城市，生态环境遭受了严重破坏，下岗失业职工的再就业压力依然严重，需要国家加大支持力度。

对于资源和环境条件非常差的地区，从长远考虑应该逐步外迁人口。

4. 完善城镇供水排水系统，确保用水安全。

要加大保护水源的力度，大力提倡节水。重点保障中部城镇群快速增长的用水需求，沿海城市应积极发展海水利用。要特别重视管网的配套建设和管网的更新改造，争取到2030年管网渗漏率降到10%以下；要扩大公共供水管网的覆盖范围，加速替换自备供水系统，提高自来水的普及率。

要以实现水的生态循环为目标，加快污水处理设施的建设，保证污水处理厂正常运营。

东北是国家最主要的重工业基地不会改变，但又将发展成为国家最主要的农业基地。地区产业结构和职能的这种变化有利于做好综合规划，促使人和自然协调发展，城乡协调发展，以及城镇化的健康发展。

走具有自己特色的城市化道路

——在 2006 年"中国（福州）城市规划建设与发展国际论坛"上的发言

21 世纪是世界城市化的世纪，也是中国将继续快速城市化的时期。发达国家的城市化已有二三百年的历程，而中国现代意义上的城市化只有一百来年的历史。有关城市化之路仍有不少新的问题。城市化是综合了社会、经济、科技、文化发展的结果，各国各地区的城市化有一些相同的规律和相似的地方，但又有许多不同的地方和不同的规律。中国从上世纪 80 年代以来经历了一段发展的时期。50 年来，全国城市人口从 10% 多，提高到 41.8%（2004 年统计），目前正准备进一步的发展部署。对于今后城市发展的估计可能有种种研究、预测，但有一点可能是共同的，就是我们必须根据自己的社会、经济、历史、文化等情况，走自己的城市化之路。参考学习他人、他国是必要的，但抄袭克隆别国、别地是不妥的。那么，什么才是中国自己的城市化之路呢？初步看来，我认为有以下四点是必要的、基本的：(1) 城市化率不必太高，也不能太高，达到 60% 多一点，大体就可以了；(2) 对中国的城市化要有全民的观点。农业和农村的提高也是城市化的重要内容；(3) 城市化要面向未来，也要尊重自己的历史；(4) 要做好城市规划，特别是地区性的规划和城市群的规划；同时，要做好城市设计，树立自己的城市风貌。

一、城市化率不宜太高

有一度全国各地对城市化的热情很高，各市、各县都在盘算本市、本县的城市化率。据了解，当时上海达到了 87%，似乎是首位，但有一个地方比上海还高，那就是内蒙古的额济纳旗，该旗 11 万平方公里的面积，人口约 5 万人，87.5% 的人口集中在额济纳镇上，原因是严重沙漠化后，牧民不得不聚集在镇里，那是贫困无奈的城市化。所以，局部小范围的城市化率不说明问题。还有，看城市化率

---

* 本文原载《城市发展研究》，2006 年第 4 期。

的一般规律曲线,所谓"30%以后必然陡升"的判断,也是没有根据的。东北的实践就证明了这点。东北由于历史条件,在全国城市化进程中走在了前面,在解放前就达30%,但解放以后,发展速度低于全国,多年徘徊在40%左右,从未出现陡升现象。全国多年来的统计,城市化率年增长情况不同,以50年计为每年增长0.68个百分点;近十几年一般年增长都在1个百分点左右,特别是受就业情况限制,许多城市目前不能放开户口管制。农民进城打工对城乡都有利,是中国城市化的一大创举,但全搬进城,过快、过多地提高城市化率,就将带来就业困难、各种设施跟不上等问题。现在看来,全国城市化率保持年增长1个百分点就可以了。至2020年达60%多一点。同时在控制总人口16亿人时,保留一部分(5亿~6亿)农民,充分利用七山、一水、二分田的土地资源,从事基本农田和林牧业以及就地加工的农、林、牧产品生产,无论对生产还是生活都是适宜的。

二、中国的城市化要有全民的观点

城市化不应只指城市人口的增长和城市生活水平的提高,还应当包括农民和农村生活水平应和城市相当,这才是广义的城市化。所以广义的城市化并不局限于农民进城,城市人口比重提高,而不管农村和农业人口的状况。正因为如此,在世界上城市化率高达90%以上的欠发达国家的城市,并不意味着比城市化率80%的美国的城市化水平高。城市化本身就要考虑农村人口的生活状况,要使农村人口的基本生活接近城市的水平。现在,欧洲、北美、日本都已经实现了农村生活并不比城市差,农业人口已不愿意进城,城乡均衡发展,甚至出现逆城市化现象。而中国情况不同,工业化尚处于中期阶段,农业劳动力有余,需要转入生产、生活效率都比较高的城市中来。农民进城的城市化尚处于初始阶段。城市带动了农业和农村的发展,但同时也出现了城乡差距扩大,大量农民愿意进城,在这种情况下必须城乡兼顾、协调发展。中央已经提出工业和城市要反哺农业、农村,并提出农村建设的目标,即二十字方针:"生产发展、生活宽裕、乡风文明、村容整洁、管理民主",这是十分及时、十分必要的。我们不能忽视一个基本现象,就是中国的社会经济发展、中国的工业化和城市化是建立在农业和农民支持的基础上的,有的专家提出要看到农民对城市的巨大贡献。建国以来,农民对城市发展至少有三大基本贡献:1. 工农业产品的剪刀差;2. 农转工提供的廉价劳动力;3. 提供了大量土地。所以,无论从什么角度,城乡携手、共创健康、文明、全民意义上的城市化,应当成为中国城市化的重要特色。

三、城市化既要面向未来，又要尊重历史

城市和城市化本身是一个历史的积累过程。所谓"罗马不是一天建成的"，在罗马就能看到它的不同阶段的建设成果。作为历史的城市，总是要规划未来，使城市不断适应未来的需要，必然既要有新陈代谢，又要留下历史的"记忆"。

特别是中国城市的历史悠久，积累了前人留下的大量的物质财富和聪敏智慧。中国从夏商时代有城市的发展，《礼记》等古籍中已有不少至今可认为具有科学性的理论（如管子的规划原理，以及"天人合一"、"象天法地"、"辨方正位"等基本理念），以及体现这些理论的历史上的长安、北京、苏州、南京等众多的实例，形成了中国文化的重要组成部分。

也因为我国历史上的两个不好的习惯：每次农民革命，总要烧毁一些宫室、城池；进入近现代，半封建半殖民地造成的弱势，由此崇洋媚外，妄自菲薄，也拆除了不少的历史遗存。所以留下的东西相对很少。和世界现代城市都把留下的历史遗产作为城市不可缺少的组成部分的做法相比，差距尚大。但近年来，经济进一步发展后，不少城市已经重视城市遗产的保护，甚至积极重修一些历史建筑（制造假古董之风，看来也并不妥善），但要防止的重要偏向还是急功近利、忽视历史文化保护的倾向，尚没有意识到如果城市化过程中，全盘西化，割断历史，恐怕就谈不上有文化的、宜人的、有中国特色的城市化。

四、要做好城市规划、城市设计

如果说大都市的出现是早期城市化的一个突出现象，那么，城市密集地区（或都市连绵地区）则是现代城市化中的新特点。我国对城市地区的划分尚无明确定义，但在经济发达的长三角、珠三角地区等无疑已经出现城镇密集连绵的地区，如苏南，苏、锡、常地区的建筑布局已连成一片了，镇与镇间距只有1~2公里，最多也只有5公里，要规划好一个城镇已经不能不考虑左邻右舍了。所以，属于区域规划性质的地区规划实际上是城市规划必须的前提，但这方面的观念和工作还跟不上，需要积极推进补上。

城市设计工作落后，形成了所谓千城一面的状况，也是我国城市目前比较普遍存在的问题。也有一些城市做得较好，但遗憾的工程恐怕更多，必须从决策、管理和技术层面上着力解决。主要应加强科学决策，提高设计水平，严格建设管理；要认识到只有建成了有自己特色的城市，才能谈得上中国式的城市化的实现。

重提"百年大计"反对"大拆大建"

近年来，在我国的城市建设中，大拆大建现象愈演愈烈，北京东二环的凯莱大酒店、重庆涪陵区的标志性建筑锦绣宾馆、南昌的地标性建筑五湖大酒店……在推土机的轰鸣中，很多这样并未达到使用寿命的旧建筑纷纷倒地，代之以更为壮观的摩天大楼和广场。目前这种大拆大建之风，已经从大城市吹到中小城市，甚至郊区农村。近日，本报记者就怎样看待大拆大建，树立有利于科学发展的建设观等问题采访了建设部原副部长、两院院士周干峙高级建筑师。

不能把"大拆大建"混同于一般拆建

记者： 近年来，大拆大建现象在各地都非常普遍。大家对"大拆大建"的认识也各不相同，现在有一种说法认为，城市建设就是要搞大拆大建，没有大拆大建就没有城市发展。有人甚至说，当年老北京的龙须沟改造和很多棚户区的改造，不就是大拆大建吗？您能否谈一下，大拆大建到底是利大于弊，还是弊大于利？

周干峙： 大拆大建肯定是弊大于利。把龙须沟和棚户区的改造和大拆大建混为一谈是不对的。分清什么是大拆大建，什么是正常拆建，关键是在"大"字上，绝对不是笼统地说不要拆建。改造棚户区，从一解放我们就在做，那根本不适合居住嘛。说那也是大拆大建，是有意混淆概念。

记者： 那您认为什么是大拆大建？

周干峙： 我认为大拆大建是指为了加快改变城市面貌，对过去历史上的有一定社会文化价值、没有达到使用寿命建筑的大面积拆除。从全局的角度看，一切建筑都是过去历史上的投入，只要还不到它的寿命，能用的，有文化意义的，又比较符合宜居条件的，就不宜都拆掉。城市历来都是注重长远性和稳定性的，我们过去搞房屋建设时，一开始就提倡要搞"百年大计"，强调质量第一。

记者： 我们原来是经常听见百年大计这个说法。

周干峙： 现在不说了，有的人恰恰认为30年以上的房子都可以拆。在现实

---

* 本文原载《中国改革报》，2010年12月6日。

中，个别地方一些不到10年的建筑甚至是质量很好的公共建筑都在拆。这个道理也不复杂，就是从自己地方和单位的利益出发，为了拆了后盖更多的房子。但从全局的角度看，城市是一个历史的产物，不能说几年就变一个样，变得不认识了。

大拆大建的危害是什么？

记者： 您认为大拆大建在现实中会产生哪些危害？

周干峙： 第一，大拆大建带来的是巨大的浪费。中国城市在几百年的历史上，从来没有成片地大拆大建，现在经济、技术和工程条件的进步为城市的快速发展创造了条件，也为大拆大建创造了便利。但大拆大建从长期和全局看是不利的。因为我们拆的是过去的财富，用现在的角度看，就是碳。拆一平方米再建一平方米，就是两份的碳。既破坏了过去的财富，又浪费了现在的资源。

第二，大拆大建也不符合社会要求。从社会的角度看，应该有相对比较稳定的社区，人们也需要有稳定的邻居，不能一天到晚老变。

第三，大拆大建是对过去文化的破坏。现在北京越来越没有老北京的味道了，很多研究古建筑的同行都在感慨我们的古城不是毁于战争，而是毁于我们的新建设。不仅北京是这样，很多城市都是如此。从文化角度看，都把过去的建筑拆光了，城市还谈什么历史的载体！

第四，从环境的角度看，大量地把过去低密度的建筑改造成高密度建筑也不符合环境的需要。现在越来越多的人感觉到了大城市的气候变化。我自己做过调查，在夏天，北京市中心的平均气温比郊区最少高两度，有时要高4度。全国城市中由于高层建筑导致温差最大的是重庆，重庆市中心高层建筑密集，市中心和郊区气温最大相差7～8度。

记者： 差一个气候带了。

周干峙： 是的。长期这样从经济上看也受不了。我们现在还要搞城市化，应该将力量集中用在增加房子上，大量拆旧建新等于花两份力量建一份房子。从历史上看，过去很多房子都有二三百年的历史，北京的很多老四合院过去都是不断建设完善的。现在如果我们建房屋只设计30年的寿命，为什么还要用钢筋混凝土啊？砖木结构、木结构的房子维护得好，都可以用上百年。现在的一个普遍的问题就是重新建轻维修，房子建好后不修当然会坏。房子首先出问题的不是结构，而是管线。尤其是过去的水管都是金属的，一般10多年后都出这样那样的问题。一出问题，墙上就有水印，一有水印，有人就说这个房子不行了，可以拆了。

塔楼"蜗居"绝非社会进步

记者：近100多年来，我国经济一直比较落后，城市化水平也比较低，而这些年经济发展比较快，是不是可以认为我们现在的大拆大建带有特定的历史阶段性？

周干峙：确实带有一定的历史阶段性。我们大多数人很愿意住高楼，好像是一种进步，这里也有我们长期不发达的原因。但是很显然，我们讲"蜗居"，住在高层才是"蜗居"，因为离开地面了。在国外发达国家，高层住宅住的都是低收入的人。不仅是美国，欧洲最明显。因为在高层居住离开了地面。地面是生活的基础。我们现在认为高层是现代化，这是误区。塔楼住久了，就会尝到蜗居的味道。这是经济规律，我们处于低水平发展阶段，大家还不太理解。

记者：国外也有建筑学家提出可以建设超级建筑，甚至把学校、商场、公园等都放在一个建筑中，不用出去什么都能办。

周干峙：也有人提出可以住到地下。从技术上看都没有问题，但我们要问这样究竟好吗？我不反对建高层，但我不赞成建几十层的住宅。香港有，但据我所知，现在也在限制。因为高层建多了，会造成城市的"屏风效应"。文化总要前进，汉代的人不会想到今天的城市，但今天的城市建设不能不想到历史，如果把历史的东西全扫光，都没有了文化，这个社会好吗？按这个角度，故宫也可以拆。早就有人想拆，极个别的"思想解放"的人早就想拆。如果不顾世界趋势，不顾舆论，那什么事情都做得出来，没有标准了嘛！这不是文明，这是野蛮。当然，野蛮也可以说成文明，那我们没话可说。

记者：我看过其他的分析，有人认为造成中国的大拆大建现象主要是文化方面的原因，说中国人历来不重视建筑的长久性；也有人认为是产权方面的原因，是由于产权不到位，才导致的保护不力。对这个问题您是如何看的？

周干峙：文化、产权方面的原因我认为都有。我觉得现在的问题是和地方利益有关，城市规模越大，对于领导政治上越有利，加上畸形的土地利益，使得开发商利益和地方利益结合在了一起。比如在市中心，一平方米的旧房改成高层住房，至少可增加5～10倍的面积。以北京甘家口一带为例，现在房价3万元一平方米，一平方米旧房改造增加的利益就是十几万元，大面积的拆建利益都是数以亿计。我们现在的住房问题已经不仅是住的问题，而是一个金融问题。现在城市里住房占有极不均衡，总面积、人均水平很高，可很多人实际的居住水平很低，这方面的问题需要引起重视。大拆大建是多方面的原因造成的，应让更多的人关心，更多的人参与讨论。这个问题值得全社会来关注，来讨论。

造成大拆大建的并非城市规划落后

记者： 有人认为造成现在大拆大建的一个重要原因是过去我们不重视城市规划，以至于城市规划长期落后于经济发展。您对这个问题是怎么看的？

周干峙： 我觉得这个说法是不正确的。建国以来，城市规划历来都受到国家重视，发挥过很积极的作用。国民党时期没有城市规划，新中国一成立，开始搞工业建设就重视搞城市规划。苏联专家当时就明确建议，厂址选择要考虑城市规划。这就出现了"八大城市规划"。当时就提出评审厂址同时要评审城市规划，包头如此、西安如此、兰州如此、大同如此，8个重点城市都是如此。

说城市规划没有远见，哪有那么简单。上世纪50年代搞城市规划我们就采用了世界上最先进的标准和指标。当时很多国家都有规划，但都没有苏联全面，我们当时学习的就是苏联。其中非常重要的一条，住房要符合基本的生活卫生需要。当时，我们的平均住房面积是4平方米，但所有的住房都是参照苏联的理想按9平方米计算进行规划的。过去没有公园，没有绿化，都是这时候开始考虑进去的。那时我们搞城市规划的，整天考虑的就是怎么让城市更美好。当时，也出现过争论，就是认为考虑的太长远了。1950年代末期，有个有名的"六九之争"。就是按规划目标看，达到长远的卫生标准人均居住面积要达到9平方米，有人根据当时的情况就认为太高，认为应改为6平方米。那时和现在不同，考虑长远的人受到了批评。因为勤俭建国，有人甚至认为盖楼房都标准太高了，应该盖平房。后来出现过反冒进，反"四过运动"，人们批评的就是"求新过急、标准过高、规模过大、改造过快"，后来也因此大大地修改规划。造成很多问题的是当时经济基础薄弱，而不是规划不考虑长远。

城市规划就是国家立法，就是百年大计，不能一个新官一个令。现在随意违反、任意修改城市规划已成为普遍现象，城市越搞越大，城市建设陷于盲目无政府状态。

城市化速度绝不是越快越好

记者： 现在看那段历史对我们今天有什么借鉴意义呢？

周干峙： 历史的经验值得总结，历史不是一无是处。否定历史是不公平的，不科学的。

不能笼统地说城市规划落后，哪有那么简单。我们在过去的城市建设中有一条重要的经验就是规划设计要充分结合领导和专家的意见。城市规划搞得好的都是领导和专家结合得好的，西安、唐山、深圳、天津等都是如此。

对于城市化，现在很多人的看法是城市化要加快，而且是越快越好。我们认为，这样的认识是不对的。中央的提法是积极稳妥地推进城市化，而绝不是要盲目地推进城市化。世界的经验表明，不是城市化率越高越进步。美国欧洲都不是城市化最高的，而非洲、南美有的贫穷国家城市化率却接近甚至超过90%，因此要看老百姓生活得怎么样。比如日本的农民就不进城。我们搞城市化也要考虑农村的城市化，如果农村的现代生活条件都具备，电灯电话电脑等现代设施应有尽有，住的又宽，空气又好，那为什么非要让他们进城？

记者：谈到这个问题，有经济学家提出是由于市场经济重生产不重视生活，造成中国城市化长期落后于工业化的，我们现在需要补课，因此要加快城市化步伐。

周干峙：但城市化指标不可能像别的指标一样，一下子能上去的。如果能那么快，为什么我们不解决当前的农民工的问题？把大量的农民都转移到城市生活，按市民看待，做得到吗？因此，城市化不是主观想象的，是个涉及工农各方面利益的政治问题，不能一下子解决。现在已经出现了相当一部分打工者不愿意失去农村户口，因为那里有他的宅基地，他的根。我个人认为，在城市化问题上我们不要唱高调。城市化率不是靠个人意志就能够实现的，要在大的社会体制调整过程中逐步实现。我们在历史上从来就是吃搞大搞快的亏。如果我们在城市化上搞"大跃进"，将来非吃苦头不可。

附：

城 市 化

——《中国大百科全书·建筑·园林·城市规划卷》词条释义

周干峙　张　勤

　　我国是世界城市发展最悠久的国家之一。但直到20世纪中叶，中国仍然是一个积贫积弱的农业国。1949年，中国共有城市136个，城镇人口5765万，城市化水平仅10.6%，只有很少数的几个沿海城市具有自来水、煤气等市政公用设施。

　　新中国建立之初就开展了有计划、有规划的城市建设。北京早在1949年5月就成立了首都都市计划委员会，开始了北京建设的规划和计划。1952年以后，配合第一个五年计划156项重点建设项目，完成了西安、兰州、太原、包头、武汉、大同、成都和洛阳八个重点城市的建设，建成了一批新工业区、工人住宅，以及供电、供水、道路、交通、煤气、排水、防洪和文教、商贸等服务设施。北京市组织全市人民先后疏浚了北海、中南海，整治了紫竹院、陶然亭、龙潭湖，形成广阔的水面，建成美丽的公园。著名的龙须沟工程就是在这个时期完成的。到1957年底，城镇人口达到9949万，年均增长率为7.06%，城市化水平上升到15.4%，设市城市由1949年的136个增加到178个。

　　第二个五年计划期间，随着沿海和内地关系的调整，城市建设从内地推向全国。1960年城镇人口增加到13073万人，占总人口的19.8%，设市城市迅速增加到208个。许多城市为适应工业发展的需要，迅速编制、修订城市总体规划，积极进行城市建设。每年竣工住宅居住面积1023万平方米；天津市完成了改造海河工程，使海河实现了"咸淡分家"、"清浊分流"。北京十三陵水库、怀柔水库和密云水库等一批大型供水工程相继完成。全国城市水厂达到326个，供水管道长度达到15896公里，初步解决了城市水源问题，建设了城市供水系统，许多城市的居民第一次用上了自来水。城市道路建设、排水管网建设和城市公共交通建设也都取得了前所未有的成就。为了迎接国庆10周年，首都北京建设了人民大会堂等十大工程。北京、上海、天津、南京、南昌等一些大城市，为了适应工业发展的需要，规划建设了一批卫星城。

第一、二两个五年计划，总的是在计划经济体制下，用统一规划、统一投资、统一设计、统一施工、统一分配、统一管理的"六统一"方法，加强了工业城市新建和扩建，以较少的投入取得了较大的效益，保障了新中国成立之初各项经济建设的恢复和发展，奠定了新中国城市体系的基本格局。

1960、1970年代之交，由于国家在政治经济领域的一系列重大失误，有10年时间城市化和城市发展趋于停滞。城市建设投资比例下降，许多城市的城市公用事业几乎处于瘫痪的状态，城市各方面问题十分突出。城镇人口曾一度徘徊在1亿～1.1亿之间，城镇人口比重多年停滞在12.2%左右。

1978年党的十一届三中全会以来，改革开放，使我国的城市化和城市发展进入了一个崭新的历史时期。这个时期是中国城市化与城市发展速度最快、规模最大的阶段。从1980年至今，城镇化水平年均增长率由前30年的1.97%上升到2.74%。到2000年末，我国的城市数量达663个，建制镇达19000个，城镇人口达4.56亿，城市化水平达到36.09%。城镇化水平年均提高0.65个百分点，是同期世界城市化水平增长的2.5倍。

随着经济体制改革和社会主义市场经济体制的建立，全面调动了城市化与城市建设的积极性。城市化和城市发展的模式也发生了根本的变化。由国家建设带动的"由上而下"的城市化与由农村经济发展推动的"自下而上"的城市化相辅相成，城市建设资金渠道多元化，城市建设投资规模大大增加，城市基础设施的建设速度突飞猛进，建设水平不断提高。以住宅建设为例，1978年，城市住房竣工面积只有3752万平方米，进入1980年代就突破每年1亿平方米。1985年达到1.5亿平方米，以后连年飙升，"九五"期间年均达到4.6亿平方米。20年的时间，人均居住面积从3.9平方米提高到10.25平方米。城市建设不仅速度加快，而且人居环境的现代化水平大大提高，与发达国家的差距逐渐缩小。作为不同区域的中心，各级城市的功能不断完善，中心地位和辐射能力不断增强，带动和促进了各级区域的发展。为了促进经济体制改革，国家加大了对外开放的力度，在深圳、珠海等经济特区城市的基础上，于1984年进一步明确了14个沿海开放城市。经过近20年的建设和发展，这些城市都已成为区域经济发展的中心。1999年，4个经济特区城市和14个沿海开放城市以占全国3%的人口创造了全国14.5%的GDP，人均GDP达到29700元。

随着农村经济体制改革的深入，乡镇企业蓬勃兴起，带动了小城镇的迅速发展，并创造了具有典型意义的依靠集体经济引导小城镇发展的"苏南模式"和依靠个体经济和集市贸易带动小城镇发展的"温州模式"，丰富和发展了具有中国特色的城市化道路。我国小城市和建制镇的数量分别从1978年的92个和2173个增加到2000年的352个和19780个，基本上实现了大中小城镇协调发展和加快发展中小城市的方针。

经过半个世纪坚持不懈的努力，城市发展和城市建设取得了巨大的成就，可以讲整个国家的面貌都由此得到了根本的改变。目前，城镇在国民经济和社会发展中占有举足轻重的地位。全国工业总产出的50%、国内生产总值的70%、国家税收的80%、第三产业增加值的85%、高等教育和科研力量的90%以上集中在城市。城市建设了近50亿平方米的新住宅，全国高层建筑已有近万幢。自来水供水能力从建国初期的每年不足10亿吨发展到每年469亿吨，4.56亿城镇居民都有房居住、有洁净的水可用。城市道路从1万公里发展到16万公里，人均道路面积从2.4平方米提高到9.09平方米，许多城市都建设了高速路、立交桥。城市绿地从2.6万公顷发展到86.5万公顷；用气普及率从1957年的1.5%提高到84.15%；城市污水处理从无到有，已经形成日处理污水114亿立方米的处理能力，污水处理率达到32%。城市文化教育设施、公共服务设施建设也取得了空前的成就，全国有2700多个公共图书馆、1300多个博物馆，其中绝大部分分布在城镇。最近几年，信息网络和数字化的发展，已在部分城市迅猛发展。几乎所有城镇都大大改变了面貌，明显地提高了各种设施水平。不少城市的建设质量和发展水平得到了世界的肯定，如成都、沈阳、大连等城市分别获得联合国人居奖，珠海、深圳、昆明、绵阳等一批城市因人居环境改善被联合国人居中心评定为最佳范例、良好范例。许多经济发达的城市，以其方便、舒适、实用和高效跻身世界现代化城市之列。

城市化和城市发展，有力地促进了城市规划事业的发展。我国城市化和城市发展建设的成就都是在城市规划的精心指导下取得的。"一五"和"二五"时期，配合156个重点建设项目的选址和配套生产、生活设施的建设，北京和其他重点建设的八个城市迅速编制了城市总体规划和详细规划。到1957年国家先后批准了15个城市的城市总体规划。城市规划不仅保障了重点建设项目的有序进行，而且保障了有计划、按比例的配套建设，妥善解决了条块之间的矛盾，促进了各重点工程和重点城市建设的顺利进行。在城市发展建设被迫停滞的1960、1970年代，城市规划工作受到了严重的冲击和破坏。1978年以后，城市规划工作逐步恢复和发展，全国普遍开展了城镇体系规划、城市总体规划和详细规划的编制。为了加强对城市历史文物和革命文物的整体保护，避免对历史文化古迹的破坏，1982年2月国务院批准公布第一批24座国家级历史文化名城。此后，又分别于1986、

1994年公布了第二、第三批国家级历史文化名城。迄今为止，国家级历史文化名城已达100座。这些城市普遍制订了历史文化名城保护规划。1989年12月，《中华人民共和国城市规划法》颁布，城市规划开始了有法可依的新纪元。

城市化和城市发展促进了城市建设技术的进步，促进了新材料、新技术的广泛应用。与城市建设相关的各项工程技术得到迅速的发展和广泛的应用，城市防灾、抗灾的能力不断提高。1983年以来积极推行城市节水，在大力开展节水教育和宣传，增强全民节水意识的同时，节水技术和节水用具的生产水平迅速提高。截止到2000年底，全国城市累计节水约320多亿吨。随着城市道路建设和公交事业的发展，城市道路和桥梁建设技术得到较大的发展，公交设备制造和城市轨道交通建设水平不断提高。城市污水回收和处理技术、固体垃圾无害化处理技术、城市供暖和燃气输供技术发展也都取得了重大的成就。

城市化发展有力地推进了国家经济结构的改善。1998年我国有34个城市人均GDP超过2万元。1998年城市第一、二、三产业增加值的结构比重为5∶50.5∶44.5，第三产业增加值的结构比重比全国平均水平高11.7个百分点。第三产业的迅速增长，使得城市功能得以进一步完善和增强，城市对区域经济的辐射和带动能力大大提高。

与世界城市化发展的普遍现象不同，我国的城镇化不是伴随着农村的破产和城乡关系的尖锐对立展开的，而是走了一条城乡居民共同富裕、城乡经济共同繁荣的富有中国特色的城市化道路，有效地避免了大城市的过度膨胀和与之相伴的城市贫困现象。作为一个拥有世界1/4人口的发展中国家，城市化进程持续稳定的推进，是对人类发展的重大贡献。

50年来，我国城市化与城市发展建设取得了举世瞩目的成就，完成了其他国家用近百年的时间才走过的历程。特别是北京、上海、深圳三个大城市的建设与发展，更加突出地反映了中国城市的特有风貌，是我国城市化发展成就的重要标志。

北京：北京具有悠久的历史，由于封建统治和帝国主义的侵略，解放前城市建成区面积只有109平方公里，城市人口只有150多万。全城道路狭窄，下水道都是明、清时代的遗物，221公里下水道，只有22公里畅通，全城有100多条臭水沟。只有61辆公共汽车和有轨电车，只有一座日供水能力5万吨的自来水厂，自来水普及率只有30%。城市住房面积只有1300万平方米。新中国成立后的半个世纪以来，城市面貌发生了翻天覆地的变化，正在向现代化的国际大都市迈进。目前，城市人口760多万，建成区面积已达490平方公里，城市规模不断扩大，经济实力日益增强。1998年全市国内生产总值比1952年增加了103倍。新增道路3506公里，建成了138座立交桥。城市供水能力比1949年增加了106倍，城镇居民炊事气化率达到95.4%。城市绿化覆盖率达到35.6%，人均公共绿地面积8.97平方米。建设了新的机场和火车站，加强了北京的对外联系，有力地促进了城市辐射和带动能力的提高。成为一个既有丰富历史遗产，又有大量现代化设施，代表东方文化的国际大都市。

上海：建国50年来，上海累计用于城市基础设施投资2461亿元，其中，改革开放20年间，累计用于城市基础设施投资2401亿元，平均每年增长24.7%，相继建成了3000幢高层建筑，内外高架汽车专用道和3条轨道交通线，还有一大批具有标志性意义的重大城市基础设施工程项目，如南浦大桥、杨浦大桥、徐浦大桥、奉浦大桥，以及隧道复线、河流污水治理一期工程、沪宁高速公路上海段等。1990年，国务院正式决定开发开放浦东。浦东新区集中城市化地区面积200平方公里，人口200万人，为中心城的重要组成部分。经过几十年的努力，上海已经彻底改变了原来的面貌，成为具有合理的布局结构，先进的综合交通网络，完善的城市基础设施，便捷的通信系统，以及良好的自然生态环境的现代化大都市，成为我国重要的国际经济、金融和贸易中心。

深圳：深圳是在改革开放战略方针的指导下建设和发展起来的新城市，在短短的10年内，从一个只有1万人的边陲小镇发展成为拥有433万人口、经济实力居全国第四位的现代化经济中心城市。2000年国内生产总值为1665.24亿元，外贸出口总额达到345.63亿美元，约占全国的1/7，高新技术产品产值占工业总产值的比重达到42.3%。深圳的城市建设按规划有序推进、均衡发展，城市功能日臻完善，人民生活率先实现了小康。城市建成区面积由原来的3.8平方公里扩展到330.5平方公里，人均居住面积达到17.4平方米，城市污水集中处理率达54%，绿化覆盖率达45%，城市道路总长度约1182公里，城市日供水能力363.7万吨，年供电量149.9亿度，城市信息化水平较高，并在城市高速发展中保持了良好的生态环境，获得联合国"人居荣誉奖"、国际建筑师协会"城市规划荣誉奖"，并被国际公园与游乐设施管理协会评为"国际花园城市"。

新中国城市化与城市发展大事记

1949年5月,成立首都都市计划委员会,开始城市规划和市政建设。

1952年9月,确定八个重点工业城市的规划建设,配合156项重点工业项目。

1956年,上海开始全面规划和城市建设。

1978年2月,国家建委组织地震后恢复重建唐山市总体规划。

1979年,天津市开始按规划进行地震后的城市恢复重建。

1982年2月,国务院批准公布第一批24座国家级历史文化名城。此后,又分别于1986、1994年公布了第二、第三批国家级历史文化名城。迄今为止,国家级历史文化名城已达100座。

1983年7月,中共中央、国务院批准《北京市城市建设总体规划方案》。为了加强对首都规划建设的领导,决定成立首都规划建设委员会。

1984年1月,国务院颁布《城市规划条例》。

1984年3月,中共中央书记处和国务院召开的沿海部分城市座谈会建议,开放由北至南14个沿海港口城市,作为我国实行对外开放的一个新的重要步骤。

1984年11月,国务院批准调整建镇标准,适应城乡经济发展的需要,适当放宽建镇标准,实行镇管村体制。

1987年11月,国家批准上海、天津、深圳、广州和海南岛正式进行土地有偿使用试点,开始了我国土地使用制度的改革。实行土地有偿使用制度,并允许使用权有偿转让。

1989年12月,全国人大颁布《中华人民共和国城市规划法》。

1993年5月,国务院批准调整设市标准。新的设市标准明确设市工作要坚持实事求是的原则,搞好规划、合理布局,并把有关经济社会发展和规划建设水平的指标纳入设市标准。

1997年12月,中国共产党第十五次代表大会提出我国要在社会主义初级阶段实现农业人口占多数向非农业人口占多数的工业化国家的历史性转变,确立了我国跨世纪的城市化目标。

2000年10月,中国共产党第十五届中央委员会第五次全体会议提出要"积极稳妥地推进城镇化","要从各地的实际情况出发推进城镇化,逐步形成合理的城镇体系"。

2001年3月,《中华人民共和国国民经济和社会发展第十个五年计划纲要》提出"实施城镇化战略,促进城乡共同进步"。提高城镇化水平,"是优化城乡经济结构,促进国民经济良性循环和社会协调发展的重大措施。随着农业生产力水平的提高和工业化进程的加快,我国推进城镇化的条件已经成熟,要不失时机地实施城镇化战略"。

2001年5月,国务院通过国家计委、建设部等部门联合起草的《国民经济和社会发展第十个五年计划城镇化发展重点专项规划》发布。